ALIMENTOS QUE EMAGRECEM

VIDA SAUDÁVEL

ALIMENTOS QUE EMAGRECEM

SUPERALIMENTOS E RECEITAS PARA ACELERAR O METABOLISMO E PERDER PESO

GILL PAUL

NUTRICIONISTA: KAREN SULLIVAN

PUBLIFOLHA

Título original: *Eat yourself thin*

Publicado originalmente na Grã-Bretanha em 2014 pela Hamlyn, uma divisão da Octopus Publishing Group Limited, Endeavour House 189, Shaftesbury Avenue, Londres WC2H 8JY.

Coordenação do projeto: Publifolha
Editor assistente: Thiago Barbalho
Produtora gráfica: Samantha R. Monteiro

Produção editorial: A2
Coordenação: Sandra R. F. Espilotro
Tradução: Sheila Mazzolenis
Consultoria: Marisa da Costa Cervi Rivaldo
Preparação de texto: Ana Tereza Clemente
Revisão: Maria A. Medeiros, Carmen T. S. Costa
Diagramação: A2

Edição original: Octopus Publishing Group
Diretor de arte: Jonathan Christie
Diretora de fotografia, estilo e produção: Isabel de Cordova

Fotografia: Will Heap
Produtora de culinária: Gee Charman
Editores: Katy Denny, Alex Stetter
Gerente de banco de imagens: Jen Veall
Assistente de produção: Caroline Alberti

Dados Internacionais de Catalogação na Publicação (CIP)
(Câmara Brasileira do Livro, SP, Brasil)

Paull, Gill

Alimentos que emagrecem / Gill Paull ; nutricionista Karen Sullivan ; [tradução: Sheila Mazzolenis]. - São Paulo : Publifolha, 2014.

Título original: Eat yourself thin.
ISBN 978-85-7914-556-8

1. Dietas para emagrecer - Receitas 2. Emagrecimento I. Sullivan, Karen. II. Título.

14-07714 CDD-613.25

Índices para catálogo sistemático:
1. Emagrecimento : Receitas : Dietética : Promoção da saúde 613.25
2. Emagrecimento : Reeducação alimentar : Dietética : Promoção da saúde 613.25

Este livro segue as regras do Acordo Ortográfico da Língua Portuguesa (1990), em vigor desde 1° de janeiro de 2009.

Impresso na C&C Offset Printing Co., Ltd., China

PUBLIFOLHA
Divisão de Publicações do Grupo Folha
Al. Barão de Limeira, 401, 6º andar
CEP 01202-900, São Paulo, SP
Tels.: (11) 3224-2186/2187/2197
www.publifolha.com.br

NOTA DO EDITOR

Apesar de todos os cuidados tomados na elaboração das receitas deste livro, a editora original não se responsabiliza por erros ou omissões decorrentes da preparação dos pratos.

Pessoas com restrições alimentares, grávidas e lactantes devem consultar um médico especialista sobre os ingredientes de cada receita antes de prepará-la.

As fotos deste livro podem conter acompanhamentos ou ingredientes meramente ilustrativos.

As informações contidas neste livro não excluem a consulta a um médico, endocrinologista e/ou nutricionista. Todas as decisões de cunho médico devem ser tomadas sob a orientação de um especialista.

Observações, exceto se orientado de outra forma:

- Use sempre ingredientes frescos
- Use sempre ovos de tamanho médio
- Preaqueça o forno na temperatura indicada na receita

Equivalência de medidas:

- 1 colher (chá) = 5 ml
- 1 colher (sopa) = 15 ml
- 1 xícara (chá) = 250 ml

SUMÁRIO

INTRODUÇÃO

A ideia de emagrecer sem parar de comer pode parecer estranha, uma vez que aprendemos que é comendo que as pessoas engordam. Mas não é o ato de comer que resulta em ganho de peso, e sim o consumo errado de alimentos e bebidas. Este livro ensina como perder peso - e mantê-lo - ao se concentrar em alimentos que fazem os sistemas digestório, hormonal e cardiovascular trabalhar no nível ideal e em líquidos que hidratam e reabastecem inteiramente o corpo.

A maioria das dietas de emagrecimento deixa você faminto. Manda reduzir calorias, eliminar carboidratos ou pular refeições - mas essas práticas vão fazer você recuperar o peso que perdeu assim que parar a dieta. O corpo é feito para manter seu funcionamento adequado, mesmo quando está acima do peso. Se a ingestão de alimentos for drasticamente cortada, o organismo compensa armazenando como gordura uma quantidade maior de calorias ingeridas. É um mecanismo criado para salvar sua vida em tempos de fome, mas não é interessante quando você tem três meses para ficar em forma para as férias na praia.

Como os hormônios afetam o peso

Eles são a chave para eliminar quilos extras e obter resultados duradouros. Muitos hormônios diferentes regulam o apetite e o modo como o corpo digere os alimentos.

- **Grelina e leptina** O hormônio grelina avisa o cérebro quando você tem fome e deve comer, enquanto a leptina alerta quando está satisfeito. Mas esses hormônios podem deixar de atuar adequadamente em pessoas acima do peso e fazê-las sentir fome mesmo depois de comer. Para perder peso sem sofrimento é essencial que esses hormônios trabalhem com eficiência.

- **Insulina** No corpo, alguns alimentos são mais propensos a se converter em gordura do que outros. Isso ocorre porque eles causam aumento rápido de açúcar no sangue e estimulam a produção de insulina (veja Índice glicêmico e controle da fome). A insulina transforma o alimento em combustível para os músculos e converte o que não precisamos em gordura, armazenando-a. Níveis altos de insulina fazem o organismo guardar mais gordura e dão sensação de fome mesmo depois de comer.

- **Cortisol** Este é outro hormônio que pode interferir nos esforços para a perda de peso. Níveis altos de cortisol - liberado em situações de estresse - aumentam o apetite e produzem acúmulo de gordura ao redor da cintura. Também levam você a sentir desejo por comidas açucaradas e gordurosas, que produzem rápida explosão de energia. Mas esses alimentos apenas acentuam o desequilíbrio hormonal.

Desejar alimentos pouco saudáveis e recuperar o peso perdido assim que você para uma dieta é um padrão que pode ser quebrado com o equilíbrio dos níveis hormonais. Para conseguir isso, a última coisa que você deve fazer é "dar um choque" no corpo, privando-o por poucas semanas de uma dieta convencional. Para perder e manter o peso é preciso mudar os tipos de alimentos que são consumidos e alterar sua dieta para sempre.

Índice glicêmico e controle da fome

O índice glicêmico (IG) classifica os alimentos de acordo com o efeito que produzem sobre o açúcar no sangue. Alimentos e bebidas com IG alto - que contêm açúcar, farinha refinada (branca) e álcool - são quebrados rapidamente pelo sistema digestório e provocam aumento, seguido de queda, dos níveis de açúcar e de insulina no sangue. Quando esses níveis caem, algumas pessoas sentem tontura e desejo de comer doces e alimentos refinados o mais rápido possível. Porém, o consumo exagerado de alimentos com IG alto pode provocar o colapso do mecanismo regulador de açúcar/ insulina no sangue e causar resistência à insulina e, às vezes, diabetes tipo 2. Para evitar isso, coma cereais integrais, leguminosas, frutas e vegetais, que têm IG baixo e satisfazem por um bom tempo.

Comer para emagrecer

1. Alimente-se com regularidade

Faça refeições frequentes, em pequenas porções, de alimentos com IG baixo (cereais integrais, feijão e lentilha, legumes e verduras) e alto valor proteico (peixe, ovo, aves, carne magra, soja), que são digeridos lentamente e não provocam aumento de açúcar no sangue ou excesso de insulina. Também mantêm estáveis os níveis de leptina e grelina e reduzem a fome. Durante o dia, coma algo a cada três horas. Assim, você ganha um bom nível de energia, e as fibras contidas nos alimentos com IG baixo vão ajudar o funcionamento de seu sistema digestório. A boa digestão contribui para manter a perda de peso e a saúde geral.

2. Diga não às gorduras ruins

Evite gorduras saturadas (presentes principalmente em carnes gordas e processadas e em produtos de panificação que contenham óleo de palma) e gorduras trans (patês, biscoitos, bolos e doces industrializados). Prefira alimentos que contenham gordura saudável, como azeitona, abacate, nozes, grãos e peixes ricos em ômega-3. A gordura boa, encontrada no salmão, no arenque, na cavalinha e na sardinha, ajuda a reduzir a fome e é excelente para o coração e o sistema cardiovascular.

3. Escolha sopa no almoço

Ela é um inibidor de apetite nutritivo e constitui a refeição ideal para quem está cuidando do peso. Estudos realizados na Universidade Estadual da Pensilvânia, nos Estados Unidos, revelaram que mulheres que tomam canja registraram uma produção de grelina duas vezes menor do que aquelas que comiam risoto de frango.

4. Durma bem

Um sono tranquilo é muito importante para quem quer perder peso, porque a falta de repouso adequado resulta em produção maior de grelina e menor de leptina, e também afeta o metabolismo de glicose/insulina. Experimente alimentos que contenham triptofano, como galinha, queijo, ovo, aveia e arroz integral, para reduzir o estresse e ter um sono reparador.

5. Evite alimentos processados

Sempre que possível, cozinhe alimentos frescos. Muitas vezes, nutrientes essenciais se perdem ao ser processados. O cromo, por exemplo, é um mineral importante: mantém adequados os níveis de insulina e de açúcar no sangue, bem como o de colesterol, mas pode ser perdido quando o alimento é processado. Inclua em sua dieta cebola, tomate, cogumelo e cereais integrais.

6. Cuide de seus órgãos

O fígado processa hormônios envelhecidos que estão no sangue, mas é incapaz de desempenhar essa função com eficácia se estiver congestionado e sobrecarregado. Esse é um dos motivos de o consumo exagerado de álcool não ser uma boa ideia, mesmo quando não há necessidade de perder peso. Para auxiliar no emagrecimento, escolha alimentos bons para o fígado (coco, arroz e cereais integrais, legumes e maçã), especialmente se o ganho de peso for provocado pela menopausa ou síndrome pré-menstrual (TPM).

O iodo é essencial para a glândula tireoide, que determina a taxa metabólica. Se a tireoide apresentar hipoatividade, ainda que pouco acentuada, você pode ganhar peso com facilidade e vai ser difícil emagrecer. Entre as boas fontes de iodo estão alga, peixe, ovo, cebola e alcachofra.

7. Mantenha-se hidratado

Beba muita água para ficar hidratado. Os chás de ervas também são indicados, e o chá-verde pode ajudar no emagrecimento. Evite bebidas com cafeína (como café, chá-preto e refrigerantes à base de cola), que estimulam a liberação de insulina.

Sucos de frutas contêm frutose e, por isso, podem aumentar o açúcar no sangue, mas se misturados com iogurte desnatado vão se transformar em vitamina, bebida com IG baixo. Evite bebidas adoçadas ou bebidas esportivas. Mesmo águas aromatizadas ou produtos diet podem ter quantidades altas de adoçante. Ainda que sejam de baixa caloria, têm um gosto adocicado que "engana" o cérebro, que passa, então, a aguardar mais açúcar e a liberar os hormônios correspondentes.

8. Trate-se bem

Inclua algumas gostosuras na dieta – ninguém quer uma vida de sacrifício constante. Mas escolha algo que traga benefício nutricional, como dois pedaços pequenos de chocolate amargo, sobremesa com frutas ou uma taça pequena de vinho tinto. Evite as junk foods, ricas em açúcares, gorduras saturadas e trans, sem valor nutritivo e que têm a desvantagem de sobrecarregar o sistema digestório.

É hora da dieta

Você vai notar que, neste livro, não há nenhuma menção a calorias, pontos ou porções. Não será necessário pesar os alimentos ou fazer cálculos para saber se você pode ou não comer uma sobremesa. O que propomos é uma nova relação com a comida na qual você evita calorias e toma consciência dos efeitos de tudo que come e bebe sobre o corpo. Você vai até comer mais do que o habitual, porque, quando consome alimentos saudáveis, o corpo os utiliza plenamente em vez de convertê-los em gordura.

Para começar a perder peso, siga o programa de duas semanas das páginas 30-33. Ele vai ensinar os fundamentos básicos e ajudar você a entender que, desta vez, não vai ser tão difícil. Se você já enfrentou problemas específicos em tentativas anteriores de emagrecimento, consulte as páginas 26-29. Ali estão indicados alimentos-chave que merecem toda a atenção. Em seguida, veja as sugestões para a inclusão desses alimentos em sua dieta nas páginas 12-25. Todos os alimentos citados neste livro, e utilizados nas receitas, são indicados para ajudar, de alguma forma, a perda de peso. Incorporá-los à sua dieta pode ser tudo de que você precisa para iniciar o processo.

Para aumentar suas chances de sucesso, siga um programa regular de exercícios físicos - mas escolha algo prazeroso. Muitos estudos comprovaram que pessoas que associam dieta e exercícios são mais propensas a manter o peso por um longo período. Você vai se sentir melhor assim que começar este saudável programa alimentar combinado com exercícios. Cuidar de si mesmo aumenta a autoestima - você vê os resultados e se sente muito bem.

Persista neste programa

Mesmo depois de terminar o programa de duas semanas, continue a fazer três pequenas refeições e três lanchinhos ao dia - e não fique mais de três horas sem comer algo nutritivo com IG baixo. Evite subir na balança com frequência - seu peso pode variar de um dia para o outro -, e tenha como objetivo uma perda constante de não mais de 0,5-1 kg por semana. Se não começar a emagrecer depois de um mês de alimentação saudável, talvez seja necessário reduzir levemente as porções, mas não faça mudanças drásticas. Ao atingir o peso desejado, continue a se alimentar da mesma forma ou aumente um pouquinho a quantidade, sem esquecer os pequenos agrados ao seu paladar. Você vai perceber que, depois de se acostumar com uma alimentação saudável, não vai mais desejar pratos pesados, gordurosos e açucarados. Quando seu organismo funciona com eficiência, manter o peso é uma consequência natural.

SUPERALIMENTOS
QUE EMAGRECEM

SUPERALIMENTOS

Estes são os alimentos-chave para quem quer perder peso. Cada um deles estimula a queima de células de gordura e aumenta o desempenho de todos os sistemas do corpo.

Mirtilo

- ✔ Acelera o metabolismo
- ✔ Combate inflamações
- ✔ Reduz o colesterol
- ✔ Equilibra o açúcar no sangue
- ✔ Evita a formação de novas células de gordura

Pesquisas indicam que o mirtilo é eficaz na prevenção da resistência à insulina, ligada ao diabetes, e da formação de gordura no abdome. Também ajuda a reduzir a pressão arterial e o colesterol.

É rico em...

- → Fibras, que evitam a prisão de ventre e ajudam a absorção de nutrientes
- → Polifenóis, que previnem o desenvolvimento de células de gordura
- → Antocianinas, que têm efeito anti-inflamatório
- → Flavonoides, que aceleram o metabolismo

Use em... sucos e vitaminas no café da manhã; asse junto com o crumble, que pode ser misturado ao mingau; faça um purê e sirva com iogurte; coloque em panquecas integrais; misture em saladas de folhas verdes, com um punhado de avelã torrada e queijo feta; substitua passas por mirtilo seco em saladas, tagines e assados.

VEJA: MINGAU DE CHÁ-VERDE COM MIRTILO, P. 36; GRANOLA COM FRUTAS VERMELHAS, P. 38; SALADA DE PENNE, FRANGO E MIRTILO, P. 96; CHEESECAKE COM MIRTILO, P. 114; RABANADA COM FRUTAS VERMELHAS, P. 124

Chá-verde

- ✔ Promove a perda de gordura corporal
- ✔ Melhora o metabolismo
- ✔ Acalma
- ✔ Inibe o desejo por açúcar
- ✔ Auxilia a função hepática
- ✔ Diminui a pressão arterial

O chá-verde é rico em antioxidantes, reconhecidos por melhorar o metabolismo e ajudar na prevenção de vários tipos de câncer. Um estudo comprovou que homens que bebem chá-verde todos os dias têm cintura mais fina, enquanto outra pesquisa revelou que o consumo regular dessa bebida produz a queima de um excedente de mais de 200 calorias diárias, se comparado com quem não faz uso dela. O chá-verde auxilia a função hepática e melhora o equilíbrio hormonal, o que faz dele uma ótima escolha para quem teve aumento de peso provocado por disfunção hormonal.

É rico em...

- → Catequinas, que facilitam a perda de gordura e melhoram o metabolismo
- → Polifenol, um aminoácido que combate a depressão e estimula o bom humor
- → Inibidores da enzima ECA, que reduz a pressão arterial
- → Antioxidantes, que aumentam o colesterol bom e reduzem a pressão arterial

Use em... bebidas quentes e frias, com limão, mel ou hortelã; como substituto de água ou leite na mistura com aveia ou müsli; vitamina de frutas vermelhas, mel e iogurte; mergulhe frutas secas em chá-verde e sirva como compota quente.

VEJA: MINGAU DE CHÁ-VERDE COM MIRTILO, P. 36; GRANITA DE CHÁ-VERDE E GENGIBRE, P. 120

Vinagre de maçã

- ✔ Reduz o apetite
- ✔ Ajuda a boa digestão
- ✔ Estimula o metabolismo
- ✔ Estabiliza o açúcar no sangue
- ✔ Previne a formação de gordura abdominal
- ✔ Baixa a pressão arterial

O vinagre de maçã é um digestivo natural que estimula a assimilação de nutrientes e o metabolismo. Estudos revelaram que esse alimento ajuda a reduzir os níveis de açúcar no sangue e a pressão arterial, e deixa as pessoas mais satisfeitas depois das refeições.

É rico em...

- → Ácido acético, que diminui o apetite, previne o acúmulo de gordura (particularmente no abdome) e reduz a pressão arterial
- → Potássio, para melhorar a saúde do cérebro e do sistema nervoso, aumentar o estado de alerta e equilibrar os níveis de açúcar no sangue
- → Pectina, que ajuda a regular a pressão arterial e reduzir o colesterol ruim
- → Ácido málico, que aumenta a disposição e promove a função hepática, equilibrando os hormônios

Use em... molhos com mel e azeite; misture em um copo de água quente com mel; adicione a molhos de tomate, sopas e caçarolas para realçar o sabor; use em marinadas para carne, peixe e aves; utilize para fazer picles de beterraba.

VEJA: HUEVOS RANCHEROS, P. 50; VITAMINA DE MAÇÃ E CRANBERRY, P. 64; GAZPACHO GELADO, P. 74; TROUXINHA DE ALFACE COM CARANGUEJO, P. 82; BROCHETE DE FRANGO COM SALADA DE PEPINO E ALGA, P. 94; ENSOPADO DE FRANGO E MAÇÃ, P. 97

Soja

- ✔ Facilita a digestão
- ✔ Previne a prisão de ventre
- ✔ Equilibra os hormônios
- ✔ Reduz o colesterol
- ✔ Controla os níveis de açúcar no sangue
- ✔ Promove a saúde do coração

A soja (como edamame - fava verde -, tofu, leite e iogurte de soja) é uma fonte excelente de energia e de proteínas, que prolongam a saciedade, e um dos poucos vegetais que produzem ômega-3, que melhora a saúde geral e ajuda a equilibrar o peso e o humor. Também contém substâncias que reduzem a produção de células de gordura.

É rica em...

- → Fitoestrógenos, que podem equilibrar os hormônios, reduzindo o inchaço e o ganho de peso provocado por distúrbio hormonal
- → Isoflavonas, que reduzem os níveis de colesterol e protegem o coração
- → Genisteína, que diminui a produção e o tamanho das células de gordura
- → Peptídeos, que melhoram a pressão arterial, controlam os níveis de açúcar no sangue e aumentam a imunidade

Use em... saladas com edamame cozido no vapor e molho de limão; edamame ao vapor com azeite, limão e pimenta-do-reino moída na hora; faça um purê de edamame como alternativa para o homus; salteie tofu com vegetais; sirva leite de soja como mingau e iogurte de soja como acompanhamento de frutas.

VEJA: EDAMAME ASSADA, P. 56; TIRINHA DE TOFU ASSADO, P. 58; SALTEADO DE TOFU E LEGUMES, P. 106

Mandioquinha

- ✔ Equilibra o açúcar no sangue
- ✔ Auxilia a boa digestão
- ✔ Reduz o colesterol
- ✔ Alivia a prisão de ventre
- ✔ Reduz a pressão alta
- ✔ Auxilia a função da tireoide

O alto teor de fibras na mandioquinha e seu sabor doce ajudam no controle do apetite. É rica em vitaminas do complexo B, que equilibram o humor, melhoram o sono e amenizam o estresse.

É rica em...

- → Ácido fólico, para manter a saúde do sistema nervoso e cardiovascular e estabilizar o humor
- → Fibras solúveis, que reduzem o colesterol e ajudam a equilibrar o açúcar no sangue
- → Potássio, que regula o açúcar no sangue e aumenta a imunidade
- → Manganês, necessário para a função saudável da tireoide

Use em... ensopados, caçarolas e sopas, com outras raízes; faça purê para acompanhar peixe, aves e carne; asse com tomilho e um fio de azeite; amasse e faça uma cobertura para tortas.

VEJA: SOPA DE MANDIOQUINHA E ERVILHA, P. 72; SOPA PICANTE DE LIMÃO E CENOURA, P. 76; SALADA DE VIEIRA, MANDIOQUINHA E CENOURA, P. 84; CARNE DE PORCO COM PURÊ DE MANDIOQUINHA, P. 102; GRÃO-DE-BICO À MARROQUINA COM CENOURA E TÂMARA, P. 104

Centeio

- ✔ Estimula o bom humor
- ✔ Equilibra o açúcar no sangue
- ✔ Diminui a fadiga
- ✔ Protege contra doenças cardíacas
- ✔ Inibe o apetite
- ✔ Reduz o risco de diabetes
- ✔ Previne o ganho de peso na menopausa
- ✔ Facilita o sono

Rico em fibras, o centeio é uma ótima fonte de antioxidantes. Segundo estudos, quem come habitualmente alimentos com este cereal pode reduzir o consumo diário de calorias em até 30%. O centeio integral tem efeito calmante e faz aumentar a produção de serotonina, o hormônio do bem-estar.

É rico em...

- → Lignanas, que promovem a saúde do coração e melhoram a digestão
- → Fibras, para reduzir o colesterol, facilitar a digestão, aliviar a prisão de ventre e ajudar a função hepática
- → Magnésio, para auxiliar o sistema nervoso e reduzir o risco de diabetes
- → Cromo, para reduzir os níveis de colesterol e de açúcar no sangue, inibir a fome, prevenir diabetes tipo 2 e diminuir o risco de obesidade

Use em... pães doces e salgados; faça croûton de pão de centeio para saladas; acrescente em bolos, com frutas e mel; substitua em saladas o arroz ou o cuscuz marroquino por grãos de centeio; sirva pão ou bolacha salgada de centeio com salmão defumado, ovo, atum ou frango; use grãos de centeio com ervas e queijo feta para rechear pimentão assado.

VEJA: OVO POCHÉ COM ESPINAFRE, P. 48; PATÊ DE ATUM, P. 61; BISCOITO SUECO DE CENTEIO, P. 66; SOPA DE ABÓBORA, P. 73

Semente de abóbora

- ✔ Estabiliza os níveis de açúcar no sangue
- ✔ Estimula o bom humor
- ✔ Aumenta a energia
- ✔ Melhora o metabolismo
- ✔ Propicia uma boa noite de sono
- ✔ Estimula a função da tireoide
- ✔ Reduz a gordura corporal

A semente de abóbora contém minerais e aminoácidos que favorecem o relaxamento e o sono. Ambos são importantes porque a gordura abdominal é agravada pelo estresse. E também porque a má qualidade do sono aumenta a probabilidade de ganho de peso.

É rica em...

- → Magnésio, para ajudar o sistema nervoso e promover um sono reparador
- → Triptofano, que compõe a serotonina, para estimular o bom humor, relaxar e facilitar o sono
- → Zinco, que impulsiona o metabolismo e incentiva a hipófise a produzir o hormônio estimulante da tireoide (TSH)
- → Ômega-3, que ajuda a reduzir a gordura corporal, ao estimular as enzimas que transportam a gordura até as áreas do corpo onde pode ser queimada para produzir energia

Use em... saladas com ricota; adicione a cereais e mingau ou acrescente ao müsli; toste levemente para fazer um petisco que estabiliza o açúcar; coloque em muffins ou use para cobrir pão integral caseiro; use em crumbles sobre frutas ou espalhe sobre vegetais gratinados; misture em risotos.

VEJA: GRANOLA COM FRUTAS VERMELHAS, P. 38; SEMENTE DE ABÓBORA ASSADA COM CÚRCUMA, P. 54; SOPA DE ABÓBORA, P. 73; SALADA DE ABÓBORA, QUEIJO FETA E PINHOLE, P. 86

Cenoura

- ✔ Diminui inchaços
- ✔ Melhora a função hepática
- ✔ Equilibra os hormônios
- ✔ Alivia a prisão de ventre
- ✔ Reduz o colesterol
- ✔ Ajuda a saúde do coração
- ✔ Aumenta a imunidade
- ✔ Melhora o metabolismo

A cenoura estimula o fígado e contribui para o equilíbrio hormonal. Também melhora a digestão e aumenta a energia.

É rica em...

- → Fibras solúveis, que reduzem o colesterol, equilibram o açúcar no sangue e promovem a boa digestão
- → Betacaroteno, que beneficia a saúde do coração e do fígado, aumenta a imunidade e a velocidade do metabolismo
- → Enxofre, elemento-chave da insulina, que converte carboidratos em energia e ajuda a função hepática
- → Vitamina K, para sistema nervoso e funções cerebrais saudáveis

Use em... ensopados, caçarolas e sopas; sucos de frutas e vegetais; asse com tomilho e um pouco de azeite; sirva crua, com homus, para o lanche; rale e regue com molho à base de limão para salada; rale e misture na massa de biscoito, muffin e bolo; salteie com folhas verdes frescas.

VEJA: SOPA PICANTE DE LIMÃO E CENOURA, P. 76; SALADA DE VIEIRA, MANDIOQUINHA E CENOURA, P. 84; PEIXE ASSADO COM CAMPIM-LIMÃO E SALADA DE PAPAIA VERDE, P. 93; TAGINE DE CORDEIRO E DAMASCO COM CEVADA, P. 100; GRÃO-DE-BICO À MARROQUINA COM CENOURA E TÂMARA, P. 104; SALTEADO DE TOFU E LEGUMES, P. 106

Maçã

- ✔ Inibe o apetite
- ✔ Ajuda a função hepática
- ✔ Aumenta a imunidade
- ✔ Equilibra o açúcar no sangue
- ✔ Alivia a prisão de ventre
- ✔ Facilita a digestão
- ✔ Propicia energia prolongada
- ✔ Auxilia a função cardíaca

Os carboidratos da maçã são digeridos lentamente, o que traz saciedade, além de equilibrar o açúcar no sangue. Um estudo revelou que mulheres que ingerem três maçãs pequenas por dia perdem mais peso em uma dieta de baixa caloria do que as que não comem a fruta.

É rica em...

- → Antioxidantes, que podem diminuir a absorção de gordura e ajudam a prevenir a pressão alta, a resistência à insulina e a obesidade
- → Pectina, fibra solúvel que estimula a função do fígado e a boa digestão, e ainda equilibra o açúcar no sangue
- → Quercetina, que reduz a produção do cortisol, o hormônio do estresse, e ajuda as funções do cérebro e do coração
- → Polifenóis, que retardam a absorção dos açúcares e estimulam o pâncreas a liberar mais insulina

Use em... recheios para frango, com nozes e farelo de pão integral; asse em pedaços, com uma mistura de aveia e canela; acrescente a sucos de frutas e vegetais; sirva como purê com carnes assadas.

VEJA: MÜSLI DE MAÇÃ, CANELA E AMÊNDOA, P. 40; VITAMINA DE MAÇÃ E CRANBERRY, P. 64; ENSOPADO DE FRANGO E MAÇÃ, P. 97; BOLO DE MAÇÃ E AMÊNDOA COM IOGURTE DE BAUNILHA, P. 113; MAÇÃ ASSADA, P. 118

Canela

- ✔ Diminui os níveis de açúcar no sangue
- ✔ Inibe a fome
- ✔ Ajuda a função hepática
- ✔ Acelera o metabolismo
- ✔ Reduz o colesterol

Estudos revelam que meia colher (chá) de canela em pó por dia equilibra os níveis de açúcar no sangue e inibe a fome. Também ajuda a reduzir os níveis de cortisol, que pode desacelerar o metabolismo e criar gordura abdominal.

É rica em...

- → Metil-hidroxicalcona (MCHP), que melhora os efeitos da insulina, baixa o nível de açúcar no sangue, reduz o colesterol e algumas formas de ansiedade
- → Enxofre, que beneficia fígado e, assim, ajuda a equilibrar os hormônios, a digestão e os níveis de energia
- → Cálcio, que promove uma boa noite de sono e um sistema nervoso saudável
- → Cinamaldeído, que equilibra os hormônios (especialmente a testosterona e a progesterona)

Use em... chás, mingaus; misture no suco fresco de maçã; adicione em purês de frutas e sirva com iogurte; acrescente uma colher de chá em caçarolas de frango e de cordeiro; cubra banana amassada ou purê de maçã e sirva em torradas integrais quentinhas.

VEJA: MÜSLI DE MAÇÃ, CANELA E AMÊNDOA, P. 40; ENSOPADO DE FRANGO E MAÇÃ, P. 97; TAGINE DE CORDEIRO E DAMASCO COM CEVADA, P. 100; CARNE COZIDA CONDIMENTADA, P. 103; GRÃO-DE--BICO À MARROQUINA COM CENOURA E TÂMARA, P. 104; MAÇÃ ASSADA, P. 118; LARANJA AÇUCARADA COM AMÊNDOA, P. 121; RABANADA COM FRUTAS VERMELHAS, P. 124

Amêndoa

- ✔ Facilita a queima de gordura
- ✔ Aumenta os níveis de energia
- ✔ Equilibra o açúcar no sangue
- ✔ Estimula o bom humor
- ✔ Auxilia o fígado
- ✔ Previne problemas cardíacos
- ✔ Relaxa
- ✔ Ajuda o funcionamento da tireoide
- ✔ Proporciona sono reparador

Rica em fibras e proteínas, a amêndoa é fonte de energia e auxilia no equilíbrio dos níveis de açúcar no sangue. É útil também no combate à gordura abdominal. Estudos mostram que o consumo regular de amêndoa ajuda a manter o peso em níveis saudáveis.

É rica em...

- → Zinco e vitamina B_{12}, que estimulam o bom humor e a tireoide
- → Gorduras saudáveis, que combatem doenças cardíacas e previnem a resistência à insulina
- → Cálcio, magnésio e triptofano, que acalmam e beneficiam o sono
- → Fitoestrógenos, que equilibram os hormônios

Use em... saladas com uva e queijo de cabra; passe manteiga de amêndoa em bolachas ou torradas integrais; coloque em müsli e granola; pique e acrescente em saladas e sopas; use farinha de amêndoa na massa de bolo e biscoito.

VEJA: MÜSLI DE MAÇÃ, CANELA E AMÊNDOA, P. 40; VITAMINA DE BANANA E LEITE DE AMÊNDOA, P. 46; ENSOPADO DE FRANGO E MAÇÃ, P. 97; GRÃO-DE-BICO À MARROQUINA COM CENOURA E TÂMARA, P. 104; CURRY DE ABÓBORA COM SALADA DE GRAPEFRUIT, P. 107; BOLO DE MAÇÃ E AMÊNDOA COM IOGURTE DE BAUNILHA, P. 113; LARANJA AÇUCARADA COM AMÊNDOA, P. 121

Ovo

- ✔ Equilibra os hormônios
- ✔ Auxilia o fígado
- ✔ Aumenta os níveis de energia
- ✔ Regula o apetite
- ✔ Equilibra o açúcar no sangue
- ✔ Inibe a fome
- ✔ Contribui para a saúde da tireoide
- ✔ Estimula o bom humor
- ✔ Induz ao sono reparador

A proteína encontrada no ovo contém todos os oito aminoácidos necessários à saúde e, em particular, à conversão do alimento em energia e regeneração celular. Tem ainda muitas vitaminas do complexo B, que ajudam a controlar a vontade de comer açúcar, e iodo, que contribui para o funcionamento da glândula tireoide.

É rico em...

- → Colina, que ajuda a prevenir a deposição de gordura no fígado, melhorando, assim, o equilíbrio hormonal
- → Proteína, que sacia por mais tempo, aumenta a energia e equilibra os níveis de açúcar no sangue
- → Vitamina B_{12}, que ajuda a metabolizar a gordura
- → Ácido fólico, que estimula o bom humor e beneficia o sistema nervoso

Use em... saladas e sanduíches; fritada com pimentão e queijo de cabra; poché sobre espinafre cozido; quente e mole servido na casca para mergulhar talos de aspargo.

VEJA: CREPE LIGHT, P. 41; PANQUECA DE BANANA E TÂMARA, P. 42; OVO POCHÉ COM ESPINAFRE, P. 48; HUEVOS RANCHEROS, P. 50; OVO DE FORNO À MARROQUINA, P. 52; ASPARGO COM SALMÃO DEFUMADO, P. 53; GAZPACHO GELADO, P. 74; SALADA DE ASPARGO E VAGEM, P. 85; HADOQUE DEFUMADO COM OVO POCHÉ, P. 92

Lentilha

✔ Reduz o inchaço e a fome na TPM
✔ Evita a deposição de gordura no abdome
✔ Equilibra os hormônios
✔ Proporciona energia duradoura
✔ Tranquiliza
✔ Equilibra o açúcar no sangue
✔ Estimula o bom humor
✔ Induz ao sono reparador

Rica em proteína, a lentilha ajuda a estabilizar os níveis de açúcar no sangue e previne o aumento de insulina que provoca depósito excessivo de gordura no corpo, reduzindo, assim, o acúmulo de adiposidade no abdome. Como fitoestrógeno natural, contribui para equilibrar os hormônios e diminuir o ganho de peso associado a distúrbios hormonais.

É rica em...

➔ Fibras solúveis, que ajudam a estabilizar o nível de açúcar no sangue e dá energia
➔ Magnésio, que reduz a liberação do cortisol, o hormônio do estresse
➔ Proteína, que aumenta os níveis de energia, dá mais saciedade e equilibra o teor de açúcar no sangue
➔ Vitaminas B_1 e B_2, para aliviar os sintomas da TPM, incluindo inchaço, fome e mudanças de humor que podem aumentar a vontade de comer

Use em... sopas, caçarolas, tagines e curries; lentilha pré-cozida, sauté com azeite extravirgem e gotinhas de xerez, coberta com queijo de cabra grelhado; cozida e quente, com limão, azeite e cebolinha; dahl* perfumado, com queijo paneer; use como leito para vieiras fritas.

VEJA: SOPA DE ABÓBORA-CHEIROSA, LENTILHA E ALECRIM, P. 77; CURRY TAILANDÊS DE VEGETAIS, P. 108

* O dahl é um prato da culinária indiana à base de lentilha ou outro grão. Paneer é um queijo muito utilizado na Índia e pode ser substituído pelo queijo branco.

Alga

- ✔ Contribui para a saúde da tireoide
- ✔ Ajuda as glândulas suprarrenais
- ✔ Equilibra os hormônios
- ✔ Aumenta a energia
- ✔ Melhora o metabolismo
- ✔ Reduz o risco de doença cardíaca
- ✔ Regula o teor de açúcar no sangue

Todas as algas marinhas são repletas de nutrientes, incluindo 21 aminoácidos e mais de 70 minerais e oligoelementos que contribuem para a saúde e o bem-estar. Beneficiam as glândulas tireoide e pituitária, que têm papel importante no equilíbrio hormonal e, em consequência, no metabolismo.

É rica em...

- ➔ Iodo, que regula a função da tireoide e dos hormônios femininos e ainda contribui para o metabolismo saudável
- ➔ Ferro, que aumenta os níveis de energia e alivia a fadiga
- ➔ Fitoestrógenos, que equilibram os hormônios e aliviam os sintomas da menopausa, como o ganho de peso
- ➔ Fibra e proteína (incluindo 21 aminoácidos), que mantêm o nível de açúcar no sangue e melhoram a saúde geral

Use em... sushi; quiches ou ovos mexidos; substitua o sal por alga seca em pó; adicione alga em flocos em ensopados, caçarolas e sopas para realçar o sabor, tornar esses pratos mais nutritivos e dar textura; coma macarrão de alga com um molho leve de limão.

VEJA: SNACK CROCANTE DE ALGA COM GERGELIM, P. 57; BROCHETE DE FRANGO COM SALADA DE PEPINO E ALGA, P. 94

Grapefruit

- ✔ Estimula o metabolismo
- ✔ Equilibra o açúcar no sangue
- ✔ Beneficia o fígado
- ✔ Melhora a digestão
- ✔ Diminui o acúmulo de gordura
- ✔ Reduz o colesterol
- ✔ Alivia a prisão de ventre
- ✔ Aumenta os níveis de energia
- ✔ Estimula o bom humor

Rico em fibras, o grapefruit é um alimento que consome mais calorias durante a digestão do que aquelas que traz ao organismo. Dessa forma, reduz a deposição de gordura. Também estimula o metabolismo e produz sensação de saciedade. Um estudo revelou que quem consome meio grapefruit por refeição, durante 12 semanas, perde em média 1,5 kg, sem que precise fazer mudanças na dieta.

É rico em...

- ➔ Limonoides, que estimulam a ação do fígado, combatem o câncer e reduzem o colesterol
- ➔ Pectina, para uma boa digestão, equilíbrio dos níveis de açúcar no sangue e redução do colesterol
- ➔ Licopeno (no grapefruit rosa e vermelho), que protege o coração e diminui o risco de diabetes
- ➔ Inositol, que promove a produção e a liberação de serotonina e facilita a metabolização de gorduras e colesterol

Use em... saladas com espinafre e abacate; grelhe com mel e canela; sirva com caranguejo fresco sobre folhas de rúcula; faça purê com hortelã e coalhada para um delicioso molho de salada.

VEJA: GRAPEFRUIT GRELHADO COM GENGIBRE, IOGURTE E MEL, P. 44; CURRY DE ABÓBORA COM SALADA DE GRAPEFRUIT, P. 107

Feijão-preto

- ✔ Estimula o bom humor
- ✔ Promove o sono
- ✔ Alivia os sintomas da TPM
- ✔ Aumenta os níveis de energia
- ✔ Equilibra o açúcar no sangue
- ✔ Inibe o apetite
- ✔ Auxilia a digestão
- ✔ Alivia a prisão de ventre
- ✔ Reduz o colesterol

O feijão-preto é um dos alimentos mais nutritivos da família das leguminosas. É rico em antioxidantes, proteína e fibra, que ajudam a saúde geral, facilitam a digestão e previnem os picos de insulina que podem levar à deposição de gordura.

É rico em...

- → Magnésio, que aumenta os níveis de serotonina no cérebro e proporciona um sono reparador
- → Proteína, que estabiliza os níveis de açúcar no sangue, dá energia e promove a saciedade
- → Fibras solúveis, que estimulam a digestão, diminuem o risco de doenças cardíacas e reduzem o colesterol
- → Antocianinas, que reduzem a pressão arterial, protegem os sistemas nervoso e digestório, melhoram a função cerebral e equilibram o açúcar no sangue

Use em... burritos servidos com tortilhas e arroz integral; substitua a carne ou o frango no preparo de tacos; misture em sopas, ensopados e caçarolas; sirva frio em salada com milho doce, pimentão picado, abacate e molho de limão; use em chilli de carne ou de vegetais.

VEJA: HOMUS DE FEIJÃO-PRETO, P. 60; SOPA DE FEIJÃO-PRETO, P. 70

Atum

- ✔ Melhora a saúde cardíaca
- ✔ Estimula o bom humor
- ✔ Auxilia a tireoide
- ✔ Reduz a pressão arterial
- ✔ Combate a fadiga
- ✔ Reduz o impacto do estresse
- ✔ Equilibra o açúcar no sangue

O atum tem várias propriedades saudáveis e muitas delas ajudam a combater os fatores que provocam a obesidade, como o consumo de comfort food, o mau humor, a má qualidade do sono e problemas hormonais.

É rico em...

- → Selênio, que ajuda a função da tireoide, estimula o bom humor e beneficia o coração
- → Tirosina, que aumenta a energia, combate o estresse, produz hormônios da tireoide e equilibra o humor
- → Óleos ômega-3, que beneficiam o coração e o cérebro, reduzem os sintomas da TPM e evitam o aumento de hormônios do estresse, que podem provocar depósitos de gordura
- → Vitaminas do complexo B, que produzem serotonina, proporcionam sono reparador e aliviam os sintomas da TPM e do estresse

Use em... salada niçoise; sirva com molho de limão e massa integral; misture com pimentão e tomate picados, cebolinha e ervilha em uma salada de arroz integral; misture atum em lata com coalhada desnatada e feijão-preto e sirva com torrada de pão de centeio; grelhe filés de atum fresco e sirva com pão integral.

VEJA: PATÊ DE ATUM, P. 61; ESPETINHO DE ATUM COM SALADA DE COCO E MANGA, P. 90

Cúrcuma

- ✔ Ativa o metabolismo
- ✔ Baixa o açúcar no sangue
- ✔ Estimula a função do fígado
- ✔ Reduz o colesterol
- ✔ Queima a gordura
- ✔ Reduz o risco de diabetes
- ✔ Previne o inchaço
- ✔ Melhora a digestão

Ao aumentar a produção de bile no fígado, a cúrcuma estimula o metabolismo e baixa a pressão arterial enquanto rompe os depósitos de gordura.

É rica em...

- → Curcumina, que reduz o colesterol, estimula o metabolismo, queima gorduras e contribui para o bom funcionamento do fígado
- → Enxofre, que estimula a função do fígado, equilibra os hormônios, previne doenças cardíacas e melhora a digestão
- → Ferro, que aumenta os níveis de energia e combate a fadiga
- → Manganês, para um sistema nervoso saudável e maior produção de energia
- → Vitamina B_6, que, junto com o zinco, favorece o metabolismo

Use em... curries; acrescente em sopas e ensopados; utilize em relish de legumes; adicione a omeletes; use em pratos que levam arroz e com leguminosas.

VEJA: SEMENTE DE ABÓBORA ASSADA COM CÚRCUMA, P. 54; SOPA DE FEIJÃO-PRETO, P. 70; SOPA DE ABÓBORA, P. 73; ESPETINHO DE ATUM COM SALADA DE COCO E MANGA, P. 90; CARNE COZIDA CONDIMENTADA, P. 103; GRÃO-DE-BICO À MARROQUINA COM CENOURA E TÂMARA, P. 104; CURRY DE ABÓBORA COM SALADA DE GRAPEFRUIT, P. 107; CURRY TAILANDÊS DE VEGETAIS, P. 108

Tâmara

- ✔ Reduz o colesterol
- ✔ Alivia a prisão de ventre
- ✔ Aumenta os níveis de energia
- ✔ Melhora a digestão
- ✔ Baixa a pressão arterial
- ✔ Equilibra o açúcar no sangue
- ✔ Acelera o metabolismo
- ✔ Estimula o bom humor
- ✔ Propicia um sono reparador

A tâmara é usada há muito tempo para revitalizar o organismo, por exemplo, depois do jejum do Ramadã. Graças às fibras, melhora a digestão e a prisão de ventre. É rica em triptofano, que estimula o bom humor e um sono reparador.

É rica em...

- → Fibras, que reduzem o colesterol, previnem a prisão de ventre, equilibram o teor de açúcar no sangue e melhoram a digestão e a absorção de nutrientes
- → Ferro, que aumenta os níveis de energia e melhora a oxigenação do sangue
- → Potássio, que reduz a pressão arterial, regula o nível de açúcar no sangue e aumenta a imunidade
- → Vitaminas do complexo B (em especial vitamina B_6), que ajudam a metabolização de carboidratos, proteínas e gorduras, aliviam os sintomas da TPM (incluindo inchaço e fome), beneficiam o sistema nervoso e equilibram o açúcar no sangue

Use em... tagines de cordeiro e frango; barrinhas ou biscoitos; pudim de caramelo; na granola ou müsli; coma inteira e fresca como lanche revigorante.

VEJA: PANQUECA DE BANANA E TÂMARA, P. 42; GRÃO-DE-BICO À MARROQUINA COM CENOURA E TÂMARA, P. 104

Frango

- ✔ Ativa o metabolismo
- ✔ Equilibra o açúcar no sangue
- ✔ Auxilia a tireoide
- ✔ Propicia um sono reparador
- ✔ Estimula o bom humor
- ✔ Ajuda o fígado

Fonte excelente de proteína magra e de boa qualidade, o frango é perfeito para quem quer perder peso. Ativa o metabolismo e previne o acúmulo de gordura, além de manter a sensação de saciedade por mais tempo.

É rico em...

- → Vitaminas do complexo B, que ativam o metabolismo e a produção de energia, combatem a fadiga e ajudam a equilibrar o humor e os níveis de energia e de açúcar no sangue
- → Selênio, que melhora a ação da tireoide, promove a saúde do sistema imunológico, estimula o bom humor e protege o coração
- → Fósforo, para o bom funcionamento do fígado e do sistema nervoso
- → Triptofano, que estimula a liberação da serotonina - o hormônio do bem-estar - e propicia um sono reparador

Use em... saladas com vegetais crocantes; sopas, caçarolas, tagines e ensopados; recheie o frango com maçã, nozes e farelo de pão integral e asse; salteie com legumes e pimenta-malagueta; recheie o peito de frango com tomate seco, ricota e espinafre antes de assar; misture partes do frango com temperos aromáticos e sirva com arroz.

VEJA: BROCHETE DE FRANGO COM SALADA DE PEPINO E ALGA, P. 94; SALADA DE PENNE, FRANGO E MIRTILO, P. 96; ENSOPADO DE FRANGO E MAÇÃ, P. 97; FRANGO À ROMANA COM PIMENTÃO, P. 98

Chocolate amargo

- ✔ Equilibra o açúcar no sangue
- ✔ Estimula o bom humor
- ✔ Reduz a pressão arterial
- ✔ Inibe a fome e as dependências
- ✔ Auxilia o sistema nervoso
- ✔ Aumenta os níveis de energia
- ✔ Alivia o estresse

O chocolate amargo é uma fonte incrível de nutrientes importantes, incluindo ferro, que aumenta os níveis de energia e ajuda a garantir a boa oxigenação e os nutrientes a todas as células do organismo. Apesar de o ácido esteárico nesse tipo de chocolate ser gordura saturada, ele não faz aumentar o colesterol e ainda ajuda o sistema nervoso e produz hormônios benéficos.

É rico em...

- → Teobromina, que melhora o relaxamento físico e mental
- → Anandamida, que aumenta os níveis de serotonina e endorfina, substância química que provoca bem-estar
- → Ácido oleico, uma gordura que reduz o colesterol
- → Flavonoides, que reduzem a resistência à insulina e estabilizam o teor de açúcar no sangue

Use em... caldas doces e ensopados salgados; rale barras de chocolate com 70% de cacau, no mínimo, e misture com fruta fresca ou iogurte; coma um punhado de castanhas-do-pará cobertas com chocolate; derreta e misture com banana e iogurte para fazer uma vitamina rica e nutritiva; mergulhe frutas e nozes em fondue de chocolate.

VEJA: CHOCOLATE ESPRESSO, P. 110; CEREJA AO CHOCOLATE, P. 112

Queijo

- ✔ Equilibra o açúcar no sangue
- ✔ Ajuda a função da tireoide
- ✔ Contribui para um sono reparador
- ✔ Estimula o bom humor
- ✔ Ajuda a relaxar
- ✔ Inibe a fome
- ✔ Alivia a TPM
- ✔ Reduz a pressão arterial

Versátil, o queijo é um auxiliar nos programas de perda de peso. Diminui o desejo por carboidratos, estimula o bom humor e contribui para um sono reparador. Prefira queijos com baixo teor de gordura.

É rico em...

- → Triptofano, que estimula a liberação de serotonina, melhorando o humor e inibindo a fome
- → Cálcio, que reduz a pressão arterial, alivia os sintomas da TPM e mantém o sistema nervoso saudável
- → Proteína, que equilibra o teor de açúcar no sangue, aumenta os níveis de energia, combate a gordura abdominal e dá saciedade por mais tempo
- → Vitaminas do complexo B, em especial a B_{12}, que dá energia e beneficia o sistema nervoso

Use em... saladas com maçã, frutas vermelhas e vegetais crocantes; recheie meio abacate com cottage e cubra com sementes torradas; ralado, sobre vegetais assados e sopas; use para gratinar tortas de vegetais.

VEJA: PATÊ DE ATUM, P. 61; BISCOITO SUECO DE CENTEIO, P. 66; SALADA DE ABÓBORA, QUEIJO FETA E PINHOLE, P. 86; ROLINHO DE PIMENTÃO, AZEITONA E QUEIJO FETA, P. 88; SALADA DE PENNE, FRANGO E MIRTILO, P. 96; CARNE DE PORCO COM PURÊ DE MANDIOQUINHA, P. 102; CHEESECAKE COM MIRTILO, P. 114

Coco

- ✔ Regula a função da tireoide
- ✔ Reduz o colesterol
- ✔ Alivia a prisão de ventre
- ✔ Aumenta os níveis de energia
- ✔ Equilibra o açúcar no sangue
- ✔ Ajuda a função do fígado
- ✔ Acelera o metabolismo
- ✔ Inibe a fome

Apesar de o coco ter gorduras saturadas, elas oferecem benefícios à saúde, são facilmente metabolizadas pelo organismo e, por isso, dão energia duradoura.

É rico em...

- → Triglicerídeos de cadeia média, um tipo de gordura saturada que é metabolizada rapidamente e proporciona energia duradoura. Também regula a função tireoidiana, equilibra o açúcar no sangue e promove a saúde do coração
- → Fibras, que reduzem o colesterol e facilitam a digestão
- → Ácido láurico, que aumenta o metabolismo e melhora a imunidade
- → Manganês, para o bom funcionamento do sistema nervoso e da tireoide

Use em... curries e sopas com leite de coco, coco ralado fresco ou seco; acrescente lascas de coco ao müsli e à granola; use coco seco em barras de aveia ou muffins integrais; rale coco fresco sobre fatias de manga ou sirva em uma salada com molho de limão e gengibre.

VEJA: SOPA DE ABÓBORA, P. 73; ESPETINHO DE ATUM COM SALADA DE COCO E MANGA, P. 90; CURRY DE ABÓBORA COM SALADA DE GRAPEFRUIT, P. 107; CURRY TAILANDÊS DE VEGETAIS, P. 108; PUDIM DE MANGA E LEITE DE COCO, P. 116

QUAL É A SUA DIFICULDADE?

Você pode ter feito diferentes dietas sem alcançar o resultado desejado, ou talvez sofra de algum distúrbio de saúde que vem contribuindo para o excesso de peso. Localize aqui os problemas que o incomodam e escolha os alimentos e as receitas que tendem a torná-los mais brandos. Cada um deles é identificado por um ícone, que se repete nas receitas justamente para destacar aquelas que ajudam a combater determinado problema.

Gordura abdominal

Mirtilo, atum, laranja, peru, batata-doce, semente de girassol, espinafre, amêndoa, couve, ovo, brócolis, chá-verde, azeitona, abacate, lentilha.
Receitas indicadas: Mingau de chá-verde com mirtilo, p. 36; Caldo de brócolis e vieira, p. 68; Espetinho de atum com salada de coco e manga, p. 90; Cheesecake com mirtilo, p. 114

Ganho de peso na menopausa

Salmão, tomate, cevada, lentilha, soja, espinafre, aveia, melancia, quinoa, papaia, grão-de-bico, sardinha, abóbora, arroz integral, nozes, pêssego, ameixa.
Receitas indicadas: Vitamina de papaia, abacaxi e framboesa, p. 65; Sopa de abóbora-cheirosa, lentilha e alecrim, p. 77; Peixe assado com capim-limão e salada de papaia verde, p. 93

Ganho de peso pós-parto

Salmão, aveia, mirtilo, lentilha, abacate, ovo, brócolis, amêndoa, laranja, quinoa, feijão-roxinho, iogurte, chocolate amargo, frango.
Receitas indicadas: Granola com frutas vermelhas, p. 38; Salada de aspargo e vagem, p. 85; Ensopado de frango e maçã, p. 97; Chocolate espresso, p. 110; Bolo de maçã e amêndoa com iogurte de baunilha, p. 113

Barriga de cerveja

Amêndoa, ovo, salmão, peru, quinoa, aveia, couve, semente de linhaça, nozes, alga, soja, mirtilo, framboesa, kiwi, batata-doce, chocolate amargo, queijo, lentilha.
Receitas indicadas: Edamame assada, p. 56; Brochete de frango com salada de pepino e alga, p. 94; Salteado de tofu e legumes, p. 106; Curry tailandês de vegetais, p. 108

Gula

Damasco, marisco, menta, queijo, cavalinha, abóbora, grão-de-bico, ovo, chocolate amargo, bacalhau, brócolis, alface-romana, couve-flor, tomate, chicória, canela, maçã, feijão-rajado, aveia.

Receitas indicadas: Müsli de maçã, canela e amêndoa, p. 40; Tagine de cordeiro e damasco com cevada, p. 100; Grão-de-bico à marroquina com cenoura e tâmara, p. 104

Variação do açúcar no sangue

Amêndoa, quinoa, painço, abacate, nozes, lentilha, pipoca, amendoim, aveia, maçã, batata-doce, ovo, grapefruit, abóbora, framboesa, melancia, chocolate amargo, cúrcuma, semente de girassol, queijo, cranberry, tomate, semente de abóbora.

Receitas indicadas: Grapefruit grelhado com gengibre, iogurte e mel, p. 44; Maçã assada, p. 118

Pressão alta

Aipo, tomate, semente de linhaça, banana, espinafre, cogumelo, abóbora-cheirosa, alga, papaia, iogurte, couve, aveia, ovo, soja, atum, carne de porco, alho, amendoim, tâmara, mandioquinha, vieira.

Receitas indicadas: Ovo poché com espinafre, p. 48; Salada de vieira, mandioquinha e cenoura, p. 84; Carne de porco com purê de mandioquinha, p. 102

Estresse

Aspargo, carne, leite, amêndoa, mirtilo, atum, chocolate amargo, manga, cogumelo, beterraba, alga, semente de abóbora, arroz integral, espinafre, kiwi, frango.

Receitas indicadas: Semente de abóbora assada com cúrcuma, p. 54; Carne picante com salada verde, p. 78; Salada de aspargo e vagem, p. 85; Pudim de manga e leite de coco, p. 116

Desânimo

Castanha-do-pará, espinafre, laranja, grapefruit, sardinha, arroz integral, espelta, soja, feijão-roxinho, caranguejo, peru, chá-verde, damasco, amêndoa, lentilha, mirtilo, chocolate amargo, gergelim, vieira, couve, abóbora, berinjela, semente de abóbora.

Receitas indicadas: Grapefruit grelhado com gengibre, iogurte e mel, p. 44; Curry de abóbora com salada de grapefruit, p.107

Hipotireoidismo

Alga, peru, ovo, chocolate amargo, camarão-pistola, carne, ostra, castanha-de-caju, semente de girassol, framboesa, tomate, iogurte, coco, pimentão vermelho, castanha-do-pará, frango, aveia, semente de abóbora.

Receitas indicadas: Vitamina de papaia, abacaxi e framboesa, p. 65; Rolinho de pimentão, azeitona e queijo feta, p. 88; Brochete de frango com salada de pepino e alga, p. 94

Metabolismo lento

Pimenta-malagueta, cereja, mirtilo, leite, aveia, quinoa, peru, salmão, café, ovo, gengibre, alho, brócolis, amêndoa, grapefruit, pera, feijão-preto, vinagre de maçã, cúrcuma, água, carne, canela, frango, ervilha, grão-de-bico.

Receitas indicadas: Semente de abóbora assada com cúrcuma, p. 54; Curry tailandês de vegetais, p. 108; Rabanada com frutas vermelhas, p. 124

Inchaço

Iogurte, atum, aspargo, banana, gengibre, abacaxi, papaia, chá-verde, menta, centeio, erva-doce, agrião, melão, salmão, semente de girassol, amêndoa, pimentão, quinoa, queijo, cúrcuma, aipo.

Receitas indicadas: Panqueca de banana e tâmara, p. 42; Peixe assado com capim-limão e salada de papaia verde, p. 93; Granita de chá-verde e gengibre, p. 120

Má digestão

Iogurte, feijão-preto, abacaxi, papaia, framboesa, alcachofra, salmão, gengibre, lentilha, vinagre de maçã, pimentão, arroz integral, cenoura, batata-doce, frutas vermelhas, aveia, ervilha seca, maçã, centeio, cranberry, tâmara, cúrcuma, mandioquinha.
Receitas indicadas: Vitamina de papaia, abacaxi e framboesa, p. 65; Sopa de feijão-preto, p. 70; Curry tailandês de vegetais, p. 108

Desequilíbrios hormonais

Semente de linhaça, brócolis, couve, soja, quinoa, trigo-sarraceno, maçã, coco, laranja, peru, nozes, chá-verde, tomate, espinafre, cenoura, ovo, grão-de-bico, lentilha, arroz integral, centeio, cúrcuma.
Receitas indicadas: Tirinha de tofu assado, p. 58; Grão-de-bico à marroquina com cenoura e tâmara, p. 104; Granita de chá-verde e gengibre, p. 120

Fome constante

Frango, soja, ovo, grão-de-bico, feijão-preto, lentilha, centeio, trigo, chocolate amargo, nozes, amêndoa, amendoim, iogurte, salmão, pipoca, coco, vinagre de maçã, marisco, abóbora.
Receitas indicadas: Granola com frutas vermelhas, p. 38; Huevos rancheros, p. 50; Aspargo com salmão defumado, p. 53; Homus de feijão-preto, p. 60; Chocolate espresso, p. 110

Baixa autoestima

Mirtilo, cenoura, abóbora-cheirosa, tomate, couve, espinafre, alface-romana, alfafa, centeio, cereja, uva, atum, salmão, tâmara, amêndoa, grão-de-bico, lentilha, brócolis.
Receitas indicadas: Panqueca de banana e tâmara, p. 42; Huevos rancheros, p. 50; Patê de atum, p. 61; Grão-de-bico à marroquina com cenoura e tâmara, p. 104; Cereja ao chocolate, p. 112

PLANO DE DIETA

Refeições	Segunda-feira	Terça-feira	Quarta-feira
Café da manhã	Milk-shake de frutas, p. 47	Granola com frutas vermelhas, p. 38	Vitamina de banana e leite de amêndoa, p. 46
Lanche da manhã	Semente de abóbora assada com cúrcuma, p. 54	Vitamina de maçã e cranberry, p. 64	Biscoito sueco de centeio, p. 66
Almoço	Caldo de brócolis e vieira, p. 68	Sopa de feijão-preto, p. 70	Salada de aspargo e vagem, p. 85
Lanche da tarde	Dip de berinjela com tortilha torrada, p. 62	Patê de atum, p. 61	3 castanhas-do--pará confeitadas com chocolate
Jantar	Frango à romana com pimentão, p. 98	Tagine de cordeiro e damasco com cevada, p. 100	Salada de penne, frango e mirtilo, p. 96
Sobremesa	Chocolate espresso, p. 110	Rabanada com frutas vermelhas, p. 124	Granita de chá-verde e gengibre, p. 120

SEMANA 1

Quinta-feira	Sexta-feira	Sábado	Domingo
Aspargo com salmão defumado, p. 53	Mingau de chá-verde com mirtilo, p. 36	Crepe light, p. 41	Ovo poché com espinafre, p. 48
Cereja ao chocolate, p. 112	Homus de feijão-preto, p. 60	Vitamina de papaia, abacaxi e framboesa, p. 65	5 damascos secos
Sopa de abóbora--cheirosa, lentilha e alecrim, p. 77	Salada de vieira, mandioquinha e cenoura, p. 84	Gazpacho gelado, p. 74	Salada de abóbora, queijo feta e pinhole, p. 86
Tirinha de tofu assado, p. 58	1 ovo cozido	Snack crocante de alga com gergelim, p. 57	Edamame assada, p. 56
Espetinho de atum com salada de coco e manga, p. 90	Salteado de tofu e legumes, p. 106	Carne cozida condimentada, p. 103	Brochete de frango com salada de pepino e alga, p. 94
Bolo de maçã e amêndoa com iogurte de baunilha, p. 113	Cheesecake com mirtilo, p. 114	Pudim de manga e leite de coco, p. 116	Laranja açucarada com amêndoa, p. 121

Refeições	Segunda-feira	Terça-feira	Quarta-feira
Café da manhã	Müsli de maçã, canela e amêndoa, p. 40	Aspargo com salmão defumado, p. 53	Ovo poché com espinafre, p. 48
Lanche da manhã	1 ovo cozido	Semente de abóbora assada com cúrcuma, p. 54	Cottage e abacate sobre torrada de pão de centeio
Almoço	Salada de arroz de sushi, p. 80	Sopa de abóbora, p. 73	Sopa picante de limão e cenoura, p. 76
Lanche da tarde	Dip de berinjela com tortilha torrada, p. 62	Biscoito sueco de centeio, p. 66	Vitamina de maçã e cranberry, p. 64
Jantar	Carne de porco com purê de mandioquinha, p. 102	Ensopado de frango e maçã, p. 97	Curry tailandês de vegetais, p. 108
Sobremesa	Pêssego e damasco grelhados com iogurte e mel, p. 122	Cereja ao chocolate, p. 112	Laranja açucarada com amêndoa, p. 121

SEMANA 2

Quinta-feira	Sexta-feira	Sábado	Domingo
Grapefruit grelhado com gengibre, iogurte e mel, p. 44	Huevos rancheros, p. 50	Panqueca de banana e tâmara, p. 42	Ovo de forno à marroquina, p. 52
Tirinha de tofu assado, p. 58	Edamame assada, p. 56	Vitamina de papaia, abacaxi e framboesa, p. 65	Homus de feijão-preto, p. 60
Trouxinha de alface com caranguejo, p. 82	Sopa de mandioquinha e ervilha, p. 72	Carne picante com salada verde, p. 78	Rolinho de pimentão, azeitona e queijo feta, p. 88
5 damascos secos	Patê de atum, p. 61	Snack crocante de alga com gergelim, p. 57	3 castanhas-do--pará confeitadas com chocolate
Hadoque defumado com ovo poché, p. 92	Peixe assado com capim-limão e salada de papaia verde, p. 93	Grão-de-bico à marroquina com cenoura e tâmara, p. 104	Curry de abóbora com salada de grapefruit, p. 107
Pudim de manga e leite de coco, p. 116	Maçã assada, p. 118	Chocolate espresso, p. 110	Granita de chá-verde e gengibre, p. 120

RECEITAS QUE EMAGRECEM

MINGAU DE CHÁ-VERDE COM MIRTILO

Essa é uma boa maneira de aproveitar os benefícios do chá-verde, da aveia e do mirtilo, fruta que ajuda a queimar gordura.

Preparo: 5 minutos, mais o tempo para infusão
Cozimento: 10 minutos
4 porções

1,2 litro de **água**
4 saquinhos de **chá-verde**
200 g de **flocos de aveia**
100 g de **mirtilo**
2 colheres (sopa) de **iogurte grego light**
2 colheres (sopa) de **leite desnatado**
2 colheres (sopa) de **maple syrup**

Ferva a água em uma panela grande e adicione os saquinhos de chá. Retire do fogo e mantenha em infusão por 5 minutos.

Descarte os saquinhos de chá e leve novamente ao fogo. Misture a aveia e deixe levantar fervura. Abaixe o fogo e cozinhe por 4-5 minutos, mexendo sempre.

Adicione o mirtilo. Cozinhe por mais 2-3 minutos, ou até o mirtilo aquecer e começar a romper a casca. Tire do fogo e divida em quatro taças.

Misture o iogurte com o leite desnatado e coloque sobre o mingau. Regue com o maple syrup e sirva imediatamente.

GRANOLA COM FRUTAS VERMELHAS

Sirva essa granola energética com leite, iogurte e frutas vermelhas de sua preferência.

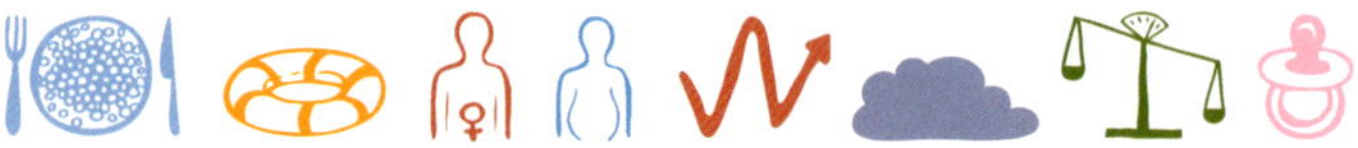

Preparo: 10 minutos
Cozimento: 10 minutos
4 porções

azeite em spray
200 g de **flocos de aveia**
25 g de **semente de abóbora**
75 g de **mix de nozes** torradas e picadas grosseiramente
1 colher (sopa) de **maple syrup**, mais um pouco para servir
300 ml de **leite desnatado**
150 g de **frutas vermelhas**, como **mirtilo** e **framboesa**
iogurte grego light, para servir

Unte a assadeira levemente com azeite. Misture a aveia, a semente e as nozes com o maple syrup. Espalhe a mistura na fôrma. Leve ao forno preaquecido a 180°C por 5 minutos.

Retire do forno, misture bem. Leve de volta ao forno e asse por mais 3-4 minutos, até ficar levemente tostado. Deixe esfriar.

Divida a granola em quatro tigelas e regue com o leite. Cubra com as frutas vermelhas. Sirva com iogurte e um fio de maple syrup.

A granola pode ser conservada por até 1 semana em recipiente hermético.

MÜSLI DE MAÇÃ, CANELA E AMÊNDOA

Prepare essa receita de véspera e mantenha na geladeira durante a noite para um café da manhã energético e cheio de nutrientes que queimam gorduras.

Preparo: 10 minutos, mais o tempo para gelar
Cozimento: 5 minutos (opcional)
4 porções

175 g de **flocos de aveia**
250 ml de **leite de soja sabor baunilha**
250 ml de **leite de amêndoa**
3 **maçãs vermelhas** lavadas, sem caroço e picadas
6 colheres (sopa) de **amêndoa** triturada
3 colheres (sopa) de **mel**
1 colher (chá) de **canela em pó**

Misture bem a aveia e os leites de soja e de amêndoa. Deixe descansar por alguns minutos. Acrescente a maçã, a amêndoa, o mel e a canela. Cubra e deixe na geladeira durante a noite.

Sirva frio ou aqueça em uma panela ou no micro-ondas antes de servir.

CREPE LIGHT

Esse delicioso crepe pode levar cobertura de fruta fresca ou compota. Polvilhe com canela, gergelim ou nozes.

Preparo: 10 minutos, mais o tempo para descansar
Cozimento: 20 minutos
4 porções

125 g de **farinha de trigo integral fina**
1 **ovo**
300 ml de **leite desnatado**
1 colher (chá) de **óleo vegetal**, mais um pouco para untar

Para servir
compota de maçã
canela em pó
cottage

Peneire a farinha em uma tigela para dissolver os farelos. Acrescente o que restou na peneira. Bata o ovo com o leite e o óleo. Adicione lentamente à farinha e mexa sem parar, até formar uma massa lisa. Deixe descansar por 20 minutos e mexa novamente.

Unte uma frigideira antiaderente com papel-toalha umedecido em óleo e aqueça. Quando estiver quente, coloque 2 colheres (sopa) da massa. Agite a frigideira para espalhar a massa.

Frite o crepe por cerca de 2 minutos, até dourar. Vire e frite o outro lado por 1 minuto ou mais.

Transfira o crepe para um prato e mantenha-o aquecido em forno baixo enquanto frita a massa restante. Empilhe os crepes conforme ficarem prontos. Esta receita rende oito unidades.

Cubra os crepes com a compota de maçã, uma pitada de canela e 1 colher de cottage. Enrole e sirva imediatamente.

PANQUECA DE BANANA E TÂMARA

Essas panquecas macias podem ser preparadas na noite anterior, embrulhadas em papel-alumínio e aquecidas no forno.

Preparo: 15 minutos
Cozimento: 20 minutos
4 porções

125 g de **tâmara seca** sem caroço e picada finamente
150 ml de **água** fervente
75 g de **farinha de trigo integral fina**
75 g de **farinha de trigo**
1 colher (chá) de **fermento em pó**
½ colher (chá) de **sal**
1 colher (chá) de **canela em pó**
2 colheres (sopa) de **açúcar**
1 **ovo** grande
150 ml de **leite desnatado**
2 colheres (sopa) de **azeite**
2 colheres (sopa) de **óleo de coco**

Para servir
2 **bananas** maduras cortadas em rodelas finas
maple syrup

Coloque a tâmara de molho em água fervente, para ficar macia.

Misture as farinhas com o fermento em pó, o sal, a canela e o açúcar. Em separado, bata o ovo com o leite e o azeite e acrescente lentamente aos ingredientes secos. Mexa sem parar até obter uma massa lisa. Escorra bem a tâmara e adicione à massa.

Aqueça uma frigideira antiaderente em temperatura média e coloque um pouco de óleo de coco. Quando começar a chiar, despeje um pouco da massa na frigideira. Frite por 2 minutos, ou até surgirem pequenas bolhas na superfície. Vire a panqueca delicadamente com uma espátula e frite o outro lado por 1 minuto.

Transfira as panquecas para um prato e mantenha-as aquecidas no forno em temperatura baixa. Sirva em pratos preaquecidos, cobertas com as rodelas de banana e um pouco de maple syrup.

GRAPEFRUIT GRELHADO COM GENGIBRE, IOGURTE E MEL

Esse grapefruit perfumado é um jeito saudável e reconfortante de começar o dia: acelera o metabolismo e estimula o bom humor.

Preparo: 5 minutos
Cozimento: 5 minutos
4 porções

1 cm de **gengibre** descascado e picado finamente
2 colheres (sopa) de **açúcar mascavo**
3 colheres (sopa) de **mel**
2 **grapefruits** cortados ao meio no sentido horizontal
125 ml de **iogurte grego desnatado**

Misture o gengibre com o açúcar e em seguida adicione 1 colher (chá) de mel. Mexa bem até formar uma pasta. Coloque o grapefruit em uma grelha preaquecida, com o lado cortado para cima. Espalhe a pasta de gengibre sobre a fruta.

Grelhe por 5 minutos, ou até corar e borbulhar levemente. Enquanto isso, misture o iogurte e o restante do mel.

Sirva o grapefruit ainda quente, acompanhado do iogurte.

VITAMINA DE BANANA E LEITE DE AMÊNDOA

O leite de amêndoa proporciona uma dose extra de nutrientes a essa vitamina, perfeita para o café da manhã.

Preparo: 5 minutos
4 porções

325 ml de **leite de amêndoa**
2 **bananas** picadas
½ colher (chá) de **canela em pó**
½ colher (chá) de **extrato de baunilha**
6 **cubos de gelo**

Bata todos os ingredientes em um liquidificador ou processador até obter uma bebida homogênea. Coloque em quatro copos altos e sirva imediatamente.

MILK-SHAKE DE FRUTAS

Perfeito para começar a manhã, esse milk-shake é também um bom lanche noturno para quem tem dificuldade para dormir.

Preparo: 5 minutos
4 porções

2 **pêssegos** maduros sem caroço e picados
300 g de **morango**
300 g de **framboesa**
400 ml de **leite desnatado**
cubos de gelo, para servir

Bata o pêssego, o morango e a framboesa em um liquidificador ou processador até obter uma bebida homogênea.

Acrescente o leite e bata novamente, até ficar espumante. Sirva imediatamente, em copos altos com gelo.

OVO POCHÉ COM ESPINAFRE

Ovos são uma excelente opção para começar o dia, porque garantem menos calorias e mais saciedade por tempo prolongado.

Preparo: 5 minutos
Cozimento: 10 minutos
4 porções

24 **tomates-cereja** em rama
2 colheres (sopa) de **vinagre balsâmico reduzido**
um punhado pequeno de folhas de **manjericão**
4 **ovos** grandes
100 g de folhas de **espinafre baby**
sal e **pimenta-do-reino** moída na hora
4 torradas grossas de **pão de centeio**, para servir

Coloque os tomates-cereja em um refratário, regue com o vinagre balsâmico reduzido, espalhe as folhas de manjericão por cima e tempere a gosto. Asse em forno preaquecido a 180°C por 8-10 minutos, ou até o tomate começar a se desmanchar.

Ferva a água em uma panela grande. Cuidadosamente, quebre 2 ovos na água e cozinhe por 3 minutos, até a clara ficar firme. Retire com uma escumadeira e mantenha aquecido enquanto cozinha os ovos restantes.

Divida o espinafre em quatro pratos. Coloque um ovo poché sobre as folhas. Acrescente o tomate e regue com o caldo do cozimento. Sirva imediatamente com as torradas de pão de centeio cortadas em tiras.

HUEVOS RANCHEROS

Essa versão do clássico prato mexicano leva somente meia hora para ficar pronta e contém cebola e tomate, ricos em cromo, ótimo para equilibrar o açúcar no sangue.

Preparo: 15 minutos
Cozimento: 30 minutos
4 porções

1 colher (sopa) de **azeite**
2 **cebolas** picadas finamente
2 **pimentões vermelhos** sem sementes e picados finamente
4 **dentes de alho** picados finamente
800 g de **tomate** em conserva picado
1 colher (chá) de **orégano** fresco picado
½ colher (chá) de **cominho em pó**
1 **pimenta-malagueta** sem sementes e picada finamente
1 colher (sopa) de **vinagre de maçã**
200 g de **feijão-preto** cozido e escorrido
4 **ovos**
2 colheres (sopa) de **coentro** fresco picado
sal e **pimenta-do-reino** moída na hora
tortilhas integrais macias, para servir

Aqueça o azeite em uma panela grande em fogo médio. Refogue a cebola por 5 minutos, ou até ficar macia. Acrescente o pimentão e o alho e refogue por mais 5 minutos.

Adicione o tomate, o orégano, o cominho, a pimenta-malagueta e o vinagre. Deixe ferver. Abaixe o fogo e cozinhe por mais 10 minutos.

Tempere a gosto e junte o feijão, mantendo a panela no fogo. Espere aquecer bem, faça quatro cavidades no refogado e quebre um ovo dentro de cada uma delas. Tampe e deixe no fogo por mais 5 minutos, até os ovos ficarem cozidos.

Salpique com o coentro e sirva imediatamente com as tortilhas quentes.

OVO DE FORNO À MARROQUINA

Perfeitos para o brunch ou um café da manhã demorado, esses ovos são ótimos para saciar a fome por longo tempo.

Preparo: 10 minutos
Cozimento: 25-30 minutos
4 porções

1 colher (sopa) de **azeite**
1 **cebola** picada
2 **dentes de alho** fatiados
1 colher (chá) de **ras el hanout***
¼ de colher (chá) de **canela em pó**
1 colher (chá) de **coentro em pó**
800 g de **tomate pelado**
4 colheres (sopa) de **coentro** fresco picado
4 **ovos**
sal e **pimenta-do-reino** moída na hora
pão italiano, para servir

* **Ras el hanout:** mistura de especiarias à venda em lojas especializadas.

Aqueça o azeite em uma frigideira em fogo médio. Refogue a cebola e o alho por 6-7 minutos, até dourarem levemente, mexendo de vez em quando.

Acrescente as especiarias e cozinhe por mais 1 minuto. Adicione os tomates. Tempere a gosto e cozinhe por 8-10 minutos em fogo brando. Coloque 3 colheres (sopa) de coentro fresco.

Divida o molho de tomate em quatro refratários individuais e quebre um ovo em cada um deles. Asse em forno preaquecido a 200°C, por 8-10 minutos, até a clara ficar firme. Mantenha no forno por mais 2-3 minutos, se preferir ovos bem cozidos.

Cubra com o coentro restante e sirva com o pão italiano.

ASPARGO COM SALMÃO DEFUMADO

Essa receita para um café da manhã de baixa caloria vai ajudar a reduzir o inchaço, estimular o bom humor e aumentar a energia.

Preparo: 10 minutos
Cozimento: 5-10 minutos
4 porções

200 g de **aspargo** aparado
3 colheres (sopa) de **avelã** picada grosseiramente
4 colheres (chá) de **azeite**
4 colheres (sopa) de **suco de limão**
1 colher (chá) de **mostarda de Dijon**
8 **ovos de codorna**
200 g de **salmão defumado**
sal e **pimenta-do-reino** moída na hora

Cozinhe o aspargo no vapor por 5 minutos, ou até ficar macio.

Espalhe a avelã sobre papel-alumínio e coloque em uma grelha preaquecida em fogo médio, até dourar levemente. Junte o azeite, o suco de limão e a mostarda em uma tigela pequena, tempere a gosto e misture com as avelãs quentes. Reserve e mantenha aquecido.

Cozinhe os ovos durante 1 minuto. Retire do fogo e deixe descansar por 1 minuto. Escorra os ovos, passe pela água fria e escorra novamente.

Corte o salmão em tiras e divida em quatro pratos – torça as tiras para ficar mais bonito. Coloque o aspargo ao lado do salmão.

Descasque os ovos, corte-os pela metade e distribua sobre o salmão e o aspargo. Regue com o molho quente de avelã e sirva com um pouco de pimenta-do-reino moída na hora.

SEMENTE DE ABÓBORA ASSADA COM CÚRCUMA

Ideal para qualquer hora do dia, a semente de abóbora é ótima para ativar a tireoide e combater a gordura corporal.

Preparo: 10 minutos, mais o tempo para esfriar
Cozimento: 15-20 minutos
4 porções

200 g de **semente de abóbora**
½ colher (chá) de **sal**
1 colher (chá) de **cúrcuma em pó**
1 colher (chá) de **cominho em pó**
1 colher (sopa) de **azeite**

Misture bem todos os ingredientes e espalhe em uma assadeira forrada com papel-manteiga.

Asse em forno preaquecido a 140°C por 15-20 minutos, ou até as sementes dourarem e começarem a estourar. Retire do forno. Deixe esfriar na assadeira antes de servir.

EDAMAME ASSADA

Uma boa maneira de servir edamame (soja verde em fava) é assá-la. Rica em fibras, ajuda a equilibrar os hormônios. É encontrada fresca ou congelada.

Preparo: 10 minutos
Cozimento: 15 minutos
4 porções

2 colheres (chá) de **azeite**
¼ de colher (chá) de **manjericão seco**
½ colher (chá) de **pimenta-malagueta** em pó
½ colher (chá) de **cominho em pó**
¼ de colher (chá) de **páprica**
½ colher (chá) de **pimenta-do-reino** moída na hora
250 g de **edamame** sem casca, fresca ou descongelada

Coloque o azeite, o manjericão e os temperos em uma tigela e amasse-os com a parte de trás de uma colher até formar uma mistura homogênea. Acrescente os grãos de soja e misture bem.

Espalhe a soja em uma assadeira forrada com papel-manteiga. Asse em forno preaquecido a 190°C por 15 minutos, até começar a corar e exalar um aroma agradável. Mexa apenas uma vez.

Sirva quente ou frio. Guarde o que sobrar em um recipiente hermeticamente fechado.

SNACK CROCANTE DE ALGA COM GERGELIM

Essa é uma ótima opção para agregar alga à dieta. A alga nori, usada para enrolar sushi, estimula o funcionamento da tireoide.

Preparo: 10 minutos, mais o tempo para marinar
Cozimento: 20 minutos
4-6 porções

1 colher (sopa) de **azeite**
1 colher (sopa) de **óleo de gergelim**
1 colher (chá) de **suco de limão**
½ colher (chá) de **sal**
8 folhas de **alga nori**

Misture o azeite com o óleo de gergelim, o suco de limão e o sal. Coloque uma folha de alga nori em uma tábua e a pincele levemente com essa mistura.

Cubra a primeira folha de alga com outra folha, pincele e repita o procedimento até que todas as oito folhas tenham sido pinceladas e empilhadas. Enrole a pilha e envolva bem em filme de PVC. Deixe marinar por 30-45 minutos.

Aqueça uma frigideira antiaderente em fogo médio. Coloque uma folha de alga na frigideira e frite por 1 minuto. Vire e frite o outro lado, até a alga ficar crocante.

Reserve a alga frita em um prato e repita o procedimento com as folhas restantes, formando uma pilha.

Corte a pilha em quadrados com uma faca afiada e separe as camadas. Sirva quente ou frio.

TIRINHA DE TOFU ASSADO

Sirva esse snack quente ou frio para obter uma boa dose de cálcio e proteínas, que promovem energia ao longo do dia.

Preparo: 10 minutos, mais o tempo para marinar
Cozimento: 30 minutos
24 porções

400 g de **tofu** firme
60 ml de **molho de soja light**, mais um pouco para servir
150 ml de **água**
2,5 cm de **gengibre** descascado e ralado
3 **dentes de alho** picados finamente
2 colheres (sopa) de **óleo de gergelim**
óleo, para untar
2 colheres (sopa) de **semente de gergelim**

Corte o tofu em vinte e quatro tirinhas e coloque-as em um prato raso. Misture o molho de soja, a água, o gengibre, o alho e o óleo de gergelim em uma tigela. Regue o tofu com esse molho e deixe marinar por 30 minutos, virando uma vez.

Coloque as tirinhas em uma assadeira levemente untada e cubra com as sementes de gergelim. Asse em forno preaquecido a 220°C por 15 minutos. Se o tofu ficar ressecado, regue com o restante da marinada.

Vire as tirinhas e asse por mais 15 minutos, ou até dourar. Sirva quente ou frio, com um potinho de molho de soja para mergulhar.

HOMUS DE FEIJÃO-PRETO

Esse homus delicioso leva poucos minutos para ser preparado e proporciona uma boa quantidade de vitaminas do complexo B.

Preparo: 5 minutos
4-6 porções

250 g de **feijão-preto** cozido e escorrido
raspas e suco de 1 **limão-siciliano**
2 colheres (sopa) de **tahine**
2 **dentes de alho**
1 colher (chá) de **cominho em pó**
½ colher (chá) de **pimenta-do-reino** moída na hora
½ colher (chá) de **pimenta-de-caiena**
½ colher (chá) de **páprica**, mais um pouco para decorar
12 **azeitonas pretas** em salmoura, sem caroço, mais 2 colheres (sopa) da **salmoura**
cenoura cortada em palitos, para servir

Coloque o feijão em um liquidificador ou processador, reservando alguns grãos para enfeitar. Acrescente os outros ingredientes e bata até obter uma pasta lisa.

Transfira o homus para uma tigela, cubra com os grãos de feijão reservados e a páprica. Sirva com palitinhos de cenoura para mergulhar.

PATÊ DE ATUM

Rico em ômega-3, excelente para o coração e contra a fadiga, o atum é a base perfeita dessa entrada.

Preparo: 10 minutos, mais o tempo para gelar
4 porções

200 g de **atum** em conserva de água
100 g de **cream cheese light**
1 **cebolinha** picada finamente
raspas e suco de 1 **limão-siciliano**
sal e **pimenta-do-reino** moída na hora
crackers de centeio, para servir

Coloque todos os ingredientes no liquidificador ou processador e bata, usando o botão pulsar, até obter um creme quase liso.

Transfira para a tigela de servir e refrigere por 20-30 minutos. Sirva com crackers de centeio.

DIP DE BERINJELA COM TORTILHA TORRADA

Para um lanche ainda mais saboroso e nutritivo, passe um pouco de azeite nas tortilhas e polvilhe com gergelim antes de tostar.

Preparo: 15 minutos, mais o tempo para esfriar
Cozimento: 10-15 minutos
4 porções

4 colheres (sopa) de **azeite**
1 colher (chá) de **cominho em pó**
1 **berinjela** grande cortada em fatias de cerca de 5 mm
150 ml de **coalhada light**
1 **dente de alho** amassado
2 colheres (sopa) de **coentro** fresco picado
1 colher (sopa) de **suco de limão-siciliano**
4 **tortilhas integrais**
sal e **pimenta-do-reino** moída na hora

Misture três quartos do azeite com o cominho. Tempere a gosto e besunte as fatias de berinjela. Preaqueça uma chapa canelada ou grill e grelhe as fatias de berinjela por 3-4 minutos de cada lado, até ficarem tostadas e macias. Deixe esfriar.

Pique a berinjela e misture bem com a coalhada, o alho, o coentro, o suco de limão e o azeite restante. Acerte o tempero e transfira para uma tigela de servir.

Aqueça as tortilhas em um grill bem quente por 1-2 minutos de cada lado, ou até ficarem levemente tostadas. Corte em triângulos e sirva imediatamente com o dip de berinjela.

VITAMINA DE MAÇÃ E CRANBERRY

O cranberry dá energia, equilibra o nível de açúcar no sangue, favorece a digestão, promove a saúde do coração e aumenta a imunidade.

Preparo: 10 minutos
4 porções

1 kg de **maçã** com casca e sementes
200 g de **cranberry** congelado
1 colher (sopa) de **vinagre de maçã**
400 ml de **iogurte natural light**
6 colheres (sopa) de **mel**
cubos de gelo, para servir (opcional)

Lave e pique as maçãs. Faça o suco usando uma centrífuga. Se preferir, use o liquidificador ou o processador, mas, nesse caso, será preciso coar.

Misture o suco de maçã com o cranberry, o vinagre de maçã, o iogurte e o mel no liquidificador. Bata rapidamente.

Sirva a vitamina em copos altos. Se desejar, acrescente cubos de gelo.

VITAMINA DE PAPAIA, ABACAXI E FRAMBOESA

Essa receita garante o bom funcionamento do sistema digestório e auxilia o metabolismo.

Preparo: 10 minutos
4 porções

1 **abacaxi** cortado em pedaços
1 **papaia** grande sem sementes e picada
100 g de **framboesa** fresca ou congelada
125 ml de **suco de laranja**
1 colher (sopa) de **hortelã** picada
10 **cubos de gelo** (opcional)

Bata todos os ingredientes – inclusive os cubos de gelo, se estiver usando – em um liquidificador ou processador, até obter um suco homogêneo. Sirva imediatamente em copos altos.

BISCOITO SUECO DE CENTEIO

Rico em grãos integrais, que equilibram o açúcar no sangue, esse biscoito crocante é ótimo para o lanche ou como sobremesa light.

Preparo: 20 minutos, mais o tempo para firmar e esfriar
Cozimento: 6-7 minutos
24 porções

100 g de **farinha de centeio**
100 g de **farinha de trigo integral fina**
½ colher (chá) de **sal**
100 g de **cream cheese light**
100 g de **manteiga sem sal** em temperatura ambiente
100 g de **açúcar**, mais um pouco para polvilhar

Misture as farinhas e o sal e reserve. Bata o cream cheese com a manteiga usando um batedor elétrico, até obter uma massa fofa.

Adicione o açúcar e continue batendo até incorporar os ingredientes. Acrescente as farinhas e misture até a massa ficar homogênea.

Trabalhe a massa com as mãos em uma superfície levemente enfarinhada. Forme uma bola, envolva em filme de PVC e deixe na geladeira por 15 minutos, até firmar.

Abra a massa em uma superfície enfarinhada, até ficar com aproximadamente 5 mm de espessura. Corte vinte e quatro círculos de massa, usando um cortador de biscoitos de 6 cm ou a boca de um copo.

Disponha os biscoitos em duas assadeiras forradas com papel-manteiga. Asse em forno preaquecido a 180°C, por 6-7 minutos, até as bordas começarem a dourar. Cubra com açúcar e deixe esfriar nas assadeiras.

Guarde os biscoitos em um recipiente hermeticamente fechado por até uma semana.

CALDO DE BRÓCOLIS E VIEIRA

Frutos do mar são ótima fonte de zinco, que ajuda a controlar o apetite e estimula a perda de peso.

Preparo: 10 minutos, mais o tempo para infusão
Cozimento: 25 minutos
4 porções

1,2 litro de **caldo de legumes**
25 g de **gengibre** descascado e cortado em tiras (reserve as cascas)
1 colher (sopa) de **molho de soja escuro**
3 **cebolinhas** fatiadas finamente
500 g de **brócolis** cortados em pequenos buquês
1 **pimenta-malagueta** pequena, sem sementes e bem picada (opcional)
12 **vieiras** grandes com ovas
gotas de **molho de peixe tailandês**
2 colheres (sopa) de **suco de limão**
óleo de gergelim, para servir

Ferva o caldo com a casca de gengibre em fogo alto por 15 minutos. Reserve e deixe em infusão por 15 minutos.

Coe o caldo em uma panela limpa. Acrescente o gengibre, o molho de soja, a cebolinha, o brócolis e a pimenta-malagueta, se usar. Ferva por 5 minutos.

Adicione as vieiras e mantenha a fervura por mais 3 minutos, ou até ficarem cozidas. Tempere com o molho de peixe tailandês e o suco de limão. Sirva imediatamente com gotas de óleo de gergelim.

SOPA DE FEIJÃO-PRETO

Feijão-preto é muito nutritivo porque tem vitaminas do complexo B, antioxidantes e fibras, que equilibram o nível de açúcar no sangue.

Preparo: 15 minutos
Cozimento: 30 minutos
4 porções

1 colher (sopa) de **azeite**
1 **cebola** grande picada
2 colheres (chá) de **semente de cominho**
2,5 cm de **gengibre** descascado e ralado
4 **dentes de alho** picados finamente
1 **tomate** grande picado
2 colheres (sopa) de **purê de tomate**
2 colheres (chá) de **cúrcuma em pó**
600 ml de **caldo de legumes**
500 g de **feijão-preto** cozido e escorrido
sal e **pimenta-do-reino** moída na hora

Para servir
um punhado de **coentro** fresco picado
4 colheres (sopa) de **coalhada desnatada**

Aqueça o azeite em uma panela grande em fogo médio. Refogue a cebola por 5 minutos, ou até ficar macia. Acrescente a semente de cominho e cozinhe por mais 2-3 minutos.

Junte o gengibre, o alho e o tomate. Continue refogando, mexendo sempre, até o tomate começar a desmanchar. Adicione o purê de tomate, a cúrcuma e o caldo de legumes e metade do feijão. Cozinhe por 10 minutos.

Tempere a gosto. Bata a sopa no liquidificador ou processador até obter um creme liso. Recoloque na panela, acrescente o feijão restante e aqueça. Transfira para tigelas preaquecidas e sirva com um pouco de coentro e 1 colher de coalhada.

SOPA DE MANDIOQUINHA E ERVILHA

Repleta de proteínas, fibras e vitaminas do complexo B, essa sopa ganha um toque a mais com um pouco de manteiga de coentro.

Preparo: 20 minutos, mais o tempo para demolhar
Cozimento: 1h15
4 porções

200 g de **ervilha amarela** deixada de molho em água fria durante a noite
250 g de **mandioquinha** descascada cortada em pedaços grandes
1 **cebola** picada grosseiramente
1,5 litro de **caldo de frango**
sal e **pimenta-do-reino** moída na hora
pão sírio integral torrado, para servir

Para a manteiga de coentro
1 colher (chá) de **semente de cominho** amassada grosseiramente
1 colher (chá) de **semente de coentro** amassada grosseiramente
1 **dente de alho** picado finamente
50 g de **manteiga** em temperatura ambiente
um punhado de **coentro** fresco picado finamente

Escorra a ervilha e coloque para cozinhar com a mandioquinha, a cebola e o caldo. Cozinhe por 10 minutos após levantar fervura. Abaixe o fogo, tampe a panela e mantenha o cozimento por mais 1 hora, ou até a ervilha ficar macia.

Prepare a manteiga de coentro. Toste ligeiramente as sementes de cominho e de coentro e o alho, sem óleo. Junte as sementes à manteiga, acrescente o coentro fresco picado e tempere a gosto. Enrole a manteiga em papel-alumínio, dando a forma de um embutido. Refrigere até firmar.

Amasse grosseiramente os legumes da sopa ou, se preferir, bata no liquidificador ou processador, para ficar cremosa.

Se a sopa estiver muito grossa, acrescente um pouco de água e acerte o tempero. Coloque em tigelinhas preaquecidas com um pouco da manteiga de coentro por cima. Sirva com torradas de pão sírio integral.

SOPA DE ABÓBORA

Temperos emagrecedores fazem dessa sopa, rica em antioxidantes, um prato ideal para quem quer perder peso. No verão, pode ser saboreada fria.

Preparo: 20 minutos
Cozimento: 20 minutos
4 porções

2 colheres (sopa) de **azeite**
1 colher (chá) de **semente de cominho**
1 colher (chá) de **cúrcuma em pó**
1 colher (chá) de **coentro em pó**
1 colher (chá) de **canela em pó**
2 **cebolas** pequenas cortadas em cubos
2 talos de **aipo** picados
2,5 cm de **gengibre** descascado e ralado
1 **pimenta-malagueta** sem sementes fatiada finamente
3 **dentes de alho** fatiados finamente
raspas e suco de 2 **limões**
1 kg de **abóbora** sem sementes cortada em cubos
600 ml de **caldo de legumes**
400 ml de **leite de coco light**
25 g de **coentro** fresco picado, mais um pouco para servir
sal e **pimenta-do-reino** moída na hora

Para servir

2 colheres (sopa) de **coco** desidratado ralado
2 colheres (sopa) de **semente de abóbora**
torradas de **pão de centeio**

Aqueça o azeite em uma panela grande em fogo médio. Acrescente o cominho, a cúrcuma, o coentro em pó e a canela e refogue por 1 minuto.

Adicione a cebola, o aipo, o gengibre, a pimenta-malagueta e o alho e refogue por mais 4-5 minutos. Junte as raspas de limão, a abóbora e o caldo. Quando levantar fervura, reduza o fogo, tampe e deixe ferver por 8 minutos, ou até a abóbora ficar macia.

Acrescente o leite de coco e continue cozinhando até a abóbora começar a desmanchar. Junte o coentro fresco e o suco de limão e tire do fogo.

Bata a sopa no liquidificador ou processador para obter um creme homogêneo. Recoloque na panela, tempere a gosto e aqueça. Sirva em tigelas preaquecidas com um pouco de coentro fresco, coco ralado e sementes de abóbora, acompanhada de torradas de pão de centeio.

GAZPACHO GELADO

Essa sopa gelada dá sensação de saciedade. O ovo picado fornece a energia necessária para o restante do dia.

Preparo: 20 minutos, mais o tempo para gelar
4 porções

625 g de **tomate** maduro
½ **pepino** picado grosseiramente
2 **pimentões vermelhos** sem sementes picados grosseiramente
1 talo de **aipo** picado
2 **dentes de alho** descascados
½ **pimenta vermelha** sem sementes picada
um punhado de **salsinha**, mais um pouco para servir
2 colheres (sopa) de **vinagre de maçã**
2 colheres (sopa) de **pasta de tomate seco**
4 colheres (sopa) de **azeite**
sal

Para servir
cubos de gelo
2 **ovos** cozidos picados finamente
pepino, pimentão verde e **cebola** bem picados
8 **blinis** (opcional)

Coloque o tomate em uma tigela e cubra com água fervente. Deixe por 1-2 minutos. Escorra. Faça um corte em cruz na extremidade do cabinho e puxe a pele para tirar a casca.

Pique o tomate grosseiramente e misture com o pepino, o pimentão vermelho, o aipo, o alho, a pimenta vermelha e a salsinha. Junte o vinagre, a pasta de tomate seco e o azeite. Tempere com sal.

Transfira para o liquidificador ou processador e bata até obter um creme homogêneo. Prove e acrescente mais sal se necessário. Refrigere por 24 horas, retirando na hora de servir.

Sirva a sopa em tigelas grandes com cubos de gelo e salsinha picada. Em tigelas separadas, arrume os acompanhamentos: ovo picado, pepino, pimentão verde, cebola e blinis, se desejar.

SOPA PICANTE DE LIMÃO E CENOURA

O gengibre aquece e relaxa, o limão refresca e a cenoura equilibra o açúcar no sangue. Esses ingredientes estão nessa deliciosa sopa que produz saciedade.

Preparo: 10 minutos
Cozimento: 30 minutos
4 porções

2 colheres (sopa) de **azeite**
2 **cebolas** grandes picadas
2,5 cm de **gengibre** descascado e ralado fino
3 **dentes de alho** picados finamente
625 g de **cenoura** cortada em fatias
2 **mandioquinhas** cortadas em fatias
raspas e suco de **2 limões-sicilianos**
1,8 litro de **caldo de legumes**
sal e **pimenta-do-reino** moída na hora

Para servir
2 colheres (sopa) de **salsinha** picada
2 colheres (sopa) de **coalhada desnatada** (opcional)

Aqueça o azeite em uma panela grande em fogo médio. Refogue a cebola por 5 minutos, até ficar macia. Adicione o gengibre e o alho e refogue por mais 2 minutos.

Acrescente a cenoura, a mandioquinha e as raspas de limão. Continue refogando por mais 1-2 minutos. Junte o caldo e deixe levantar fervura. Abaixe o fogo e cozinhe por cerca de 20 minutos, até a cenoura e a mandioquinha ficarem bem macias.

Bata a sopa no liquidificador ou processador até obter um creme liso. Coloque de volta na panela, acrescente o suco de limão e tempere a gosto. Aqueça.

Sirva a sopa em tigelas preaquecidas com um toque de salsinha picada. Se quiser, adicione 1 colher de coalhada.

SOPA DE ABÓBORA-CHEIROSA, LENTILHA E ALECRIM

Rica em antioxidantes, a abóbora-cheirosa faz parceria com a lentilha, que equilibra os hormônios, nessa sopa saborosa.

Preparo: 10 minutos
Cozimento: 1h15
4 porções

1 **abóbora-cheirosa** sem sementes cortada em cubos
raminhos de alecrim, mais alguns para enfeitar
2 colheres (sopa) de **azeite**
150 g de **lentilha** lavada
1 **cebola** picada grosseiramente
900 ml de **caldo de legumes**
sal e **pimenta-do-reino** moída na hora
pão integral, para servir

Disponha a abóbora em uma assadeira com o alecrim. Cubra com o azeite e tempere a gosto. Asse em forno preaquecido a 200°C por 45 minutos, até ficar macia e dourada.

Coloque a lentilha em uma panela e cubra com água. Cozinhe em fogo alto por 10 minutos. Escorra e leve de volta à panela. Adicione a cebola e o caldo de legumes e cozinhe por mais 5 minutos. Tempere a gosto.

Amasse a abóbora com um garfo e junte à sopa, descartando o alecrim. Cozinhe por mais 25 minutos, ou até a lentilha ficar macia. Sirva a sopa em tigelas preaquecidas, guarneça com ramos de alecrim e acompanhe com pão integral.

CARNE PICANTE COM SALADA VERDE

A carne é rica em ferro, que aumenta os níveis de energia e combate a fadiga, enquanto os cogumelos têm cromo, para equilibrar o açúcar no sangue.

Preparo: 15 minutos
Cozimento: cerca de 5 minutos
4 porções

- 500 g de **contrafilé** cortado em bifes grossos
- 3 colheres (chá) de **pimentas variadas** amassadas
- 200 ml de **iogurte natural desnatado**
- 1 colher (chá) de **molho de raiz-forte**
- 1 **dente de alho** amassado
- 150 g de **folhas mistas de salada**, incluindo alface-romana
- 100 g de **cogumelo-de-paris**
- 1 **cebola roxa** cortada em rodelas finas
- 1 colher (sopa) de **azeite**
- **sal** e **pimenta-do-reino** moída na hora

Retire a gordura da carne e tempere, esfregando a pimenta amassada e um pouco de sal.

Misture o iogurte, o molho de raiz-forte e o alho. Tempere a gosto. Envolva delicadamente as folhas, o cogumelo e grande parte da cebola roxa com o molho de iogurte. Distribua a salada em quatro pratos.

Aqueça o azeite em uma frigideira em fogo alto. Grelhe a carne por 2 minutos de um lado, até dourar. Vire e grelhe o outro lado por 2 minutos, se desejar a carne malpassada; se preferir ao ponto, grelhe por 3-4 minutos; e se quiser bem passada, 5 minutos.

Corte a carne em fatias finas e distribua sobre a salada. Sirva imediatamente, acompanhada da cebola roxa restante.

SALADA DE ARROZ DE SUSHI

Essa salada deliciosa é rica em nutrientes que ajudam a perder peso, estimulam o bom humor e fazem relaxar. Se preferir, use atum selado em vez de salmão cru.

Preparo: 20 minutos, mais o tempo para esfriar
Cozimento: 30 minutos
4 porções

6 colheres (sopa) de **vinagre de arroz**
2½ colheres (sopa) de **açúcar**
5 g de **gengibre em conserva** picado
½ colher (chá) de **wasabi**
½ **pepino**
250 g de **arroz japonês**
250 g de **salmão** sem pele e sem espinhas, cortado em pedaços pequenos
2 **abacates** cortados em cubos
8 **cebolinhas** cortadas em fatias finas
4 colheres (sopa) de **semente de gergelim** torrada

Aqueça o vinagre com o açúcar em uma panela pequena, mexendo até o açúcar dissolver. Retire do fogo e adicione o gengibre e o wasabi. Deixe esfriar.

Corte o pepino no sentido longitudinal e tire as sementes com uma colher de chá. Corte em fatias finas e coloque no vinagre frio.

Cozinhe o arroz japonês. Transfira para uma tigela e coe o vinagre sobre ele, reservando o pepino. Mexa o arroz e deixe esfriar.

Transfira o arroz frio para uma travessa grande de salada e misture delicadamente com o pepino, o salmão, o abacate e a cebolinha. Cubra com semente de gergelim e sirva imediatamente.

TROUXINHA DE ALFACE COM CARANGUEJO

Essas trouxinhas deliciosas têm poucas calorias e gordura saturada, garantem a estabilização do humor e suavizam a fome.

Preparo: 30 minutos
4 porções

1 **caranguejo** cozido (cerca de 500 g)
4 folhas pequenas de **alface-americana**, sem os talos duros

Para o relish de pepino
¼ de **pepino** cortado em cubinhos
3 **cebolinhas** cortadas em fatias finas
½ **pimenta vermelha** grande, sem semente e picada
2 colheres (sopa) de **vinagre de maçã**
1 colher (chá) de **molho de soja light**
1 colher (chá) de **açúcar**
4 colheres (chá) de **coentro** fresco picado
sal e **pimenta-do-reino** moída na hora

Faça o relish misturando todos os ingredientes. Tempere a gosto.

Prepare o caranguejo. Torça e arranque as duas garras grandes e as pernas. Trabalhe em uma perna ou garra de cada vez: use um rolo de macarrão para quebrar a casca e, com uma faca pequena, remova toda a carne branca. Reserve.

Vire o caranguejo e pressione a casca até estalar. Retire a casca com a mão, separe a carne escura e junte à carne da perna e da garra.

Descarte a parte esponjosa de cima do caranguejo. Separe toda a carne branca de suas câmaras, usando uma faca ou um rolo para quebrar a casca. Junte a carne às outras.

Para servir, coloque a carne de caranguejo nas folhas de alface e cubra com o relish de pepino. Faça uma trouxinha e coma com as mãos.

SALADA DE VIEIRA, MANDIOQUINHA E CENOURA

Com as fibras e os nutrientes das vieiras, essa receita protege o coração, reduz a pressão e melhora o humor.

Preparo: 15 minutos
Cozimento: 25 minutos
4 porções

4 **cenouras** com casca cortadas em quatro no sentido longitudinal
3 **mandioquinhas** com casca cortadas em quatro no sentido longitudinal
2 colheres (sopa) de **azeite**
1 colher (sopa) de **semente de cominho**
12 **vieiras grandes**
2 colheres (sopa) de **suco de limão-siciliano**
sal e **pimenta-do-reino** moída na hora
salsinha picada, para guarnecer

Para o molho
6 colheres (sopa) de **iogurte natural desnatado**
2 colheres (sopa) de **suco de limão-siciliano**
2 colheres (sopa) de **azeite**
1 colher (chá) de **cominho em pó**

Coloque a cenoura e a mandioquinha em uma assadeira forrada com papel-alumínio. Regue com metade do azeite, espalhe as sementes de cominho por cima e tempere a gosto. Asse em forno preaquecido a 180°C por 20-25 minutos, ou até ficarem macias.

Prepare o molho: misture bem todos os ingredientes e tempere a gosto.

Apare as vieiras para remover o pedaço de carne dura ao lado do músculo branco e lave bem em água corrente. Aqueça o restante do azeite em uma frigideira grande em fogo alto e refogue as vieiras por 2 minutos de cada lado, até ficarem cozidas. Regue com o suco de limão e transfira para uma tigela grande com o líquido da panela.

Adicione a cenoura e a mandioquinha às vieiras. Transfira para pratos preaquecidos. Regue com o molho de iogurte, cubra com a salsinha e sirva imediatamente.

SALADA DE ASPARGO E VAGEM

Essa salada crocante ajudar a diminuir a gordura abdominal, a controlar a pressão e a melhorar o metabolismo.

Preparo: 10 minutos
Cozimento: 10 minutos
4 porções

200 g de **vagem** aparada
250 g de **aspargo** aparado
4 **ovos**
5 colheres (sopa) de **azeite**
3 colheres (chá) de **tapenade** pronta
3 colheres (chá) de **vinagre balsâmico**
100 g de **rúcula**
75 g de **azeitona preta** sem caroço
75 g de **parmesão** ralado na hora
sal e **pimenta-do-reino** moída na hora

Cozinhe a vagem no vapor por 3 minutos. Acrescente o aspargo e cozinhe por mais 5 minutos, ou até ficar macio.

Coloque os ovos em uma panela e cubra com água fria. Cozinhe por 2-3 minutos, após levantar fervura. Descasque e corte os ovos ao meio. Misture o azeite, a tapenade e o vinagre em uma tigela. Tempere a gosto.

Divida as folhas de rúcula em quatro pratos e distribua os ovos por cima. Disponha a vagem e o aspargo em volta. Regue com o molho. Espalhe as azeitonas e o parmesão e sirva imediatamente.

SALADA DE ABÓBORA, QUEIJO FETA E PINHOLE

A abóbora contém fibras e antioxidantes que estabilizam o açúcar no sangue, enquanto o cálcio do queijo auxilia o relaxamento.

Preparo: 15 minutos
Cozimento: 25 minutos
4 porções

500 g de **abóbora** sem sementes e cortada em cubos de 2 cm
1 colher (sopa) de **azeite**
2 ramos de **tomilho** picados grosseiramente
200 g de **folhas pequenas para salada**
50 g de **queijo feta**
sal e **pimenta-do-reino** moída na hora

Para o molho
1 colher (chá) de **mostarda de Dijon**
2 colheres (sopa) de **vinagre balsâmico**
4 colheres (sopa) de **azeite**

Para servir
2 colheres (sopa) de **pinhole**
2 colheres (sopa) de **semente de abóbora**

Coloque a abóbora em uma assadeira. Regue com o azeite, espalhe o tomilho e tempere a gosto. Asse em forno preaquecido a 190°C por 25 minutos, ou até ficar macia. Deixe esfriar um pouco.

Misture todos os ingredientes do molho e tempere a gosto. Toste o pinhole e a semente de abóbora em uma frigideira em fogo médio, até dourar.

Disponha as folhas da salada em uma tigela grande, acrescente a abóbora assada e o queijo feta. Regue com o molho e misture cuidadosamente. Divida a salada em quatro pratos, finalize com o pinhole e a semente de abóbora e sirva imediatamente.

ROLINHO DE PIMENTÃO, AZEITONA E QUEIJO FETA

Esses rolinhos mediterrâneos têm nutrientes que contribuem para a perda de peso saudável e promovem sensação de bem-estar.

Preparo: 5 minutos, mais o tempo para esfriar
Cozimento: 10 minutos
4 porções

2 **pimentões vermelhos** sem sementes cortados em quatro no sentido longitudinal
100 g de **queijo feta** picado
16 folhas de **manjericão**
16 **azeitonas pretas** sem caroço e cortadas ao meio
15 g de **pinhole** tostado
1 colher (sopa) de **pesto**
1 colher (sopa) de **molho vinagrete**

Para servir
100 g de **rúcula**
pão integral

Coloque os pimentões em uma assadeira com a pele para cima e leve ao grill preaquecido por 7-8 minutos, ou até a pele ficar tostada. Transfira os pimentões para um saco plástico, feche, deixe esfriar por 20 minutos e retire a pele.

Disponha os pedaços de pimentão em uma tábua e recheie com o queijo, o manjericão, a azeitona e o pinhole. Enrole cuidadosamente, prenda com palitinhos e distribua em quatro pratos.

Bata o pesto com o vinagrete e regue os enrolados com esse molho. Sirva com rúcula e pão integral.

ESPETINHO DE ATUM COM SALADA DE COCO E MANGA

O aroma e o sabor desse espetinho picante acompanhado de salada fresca, rica em antioxidantes, são deliciosos.

Preparo: 20 minutos, mais o tempo para marinar
Cozimento: 5-10 minutos
4 porções

2,5 cm de **gengibre** descascado ralado fino
4 **dentes de alho** amassados
1 colher (chá) de **pimenta-de-caiena**
1 colher (chá) de **coentro em pó**
1 colher (chá) de **cúrcuma em pó**
½ colher (chá) de **canela em pó**
raspas de 1 **limão**
3 colheres (sopa) de **azeite**
625 g de **filé de atum** em cubos
sal e **pimenta-do-reino** moída na hora
coentro fresco picado, para servir

Para a salada
100 g de **coco seco ralado**
1 colher (sopa) de **azeite**
2 colheres (chá) de **mel**
raspas e suco de 1 **limão**
200 g de **folhas mistas de salada**
2 **mangas** maduras cortadas em cubos
1 **abacate** cortado em cubos

Mergulhe oito espetinhos de madeira em uma tigela com água. Enquanto eles umedecem, prepare uma marinada misturando bem o gengibre, o alho, a pimenta-de-caiena, o coentro, a cúrcuma, a canela, as raspas de limão, o azeite e o sal. Junte o atum, cubra e deixe marinar na geladeira por cerca de 1 hora.

Para a salada, toste o coco ralado em uma frigideira, sem óleo e em fogo médio, por 4 minutos, ou até começar a dourar. Retire do fogo e deixe esfriar.

Faça o molho da salada misturando o azeite, o mel, as raspas e o suco de limão em uma tigela pequena. Tempere a gosto e misture bem.

Coloque o atum nos espetinhos e acomode-os em uma assadeira forrada com papel-alumínio. Pincele com o restante da marinada e leve ao grill preaquecido por 1-2 minutos de cada lado, ou até o peixe dourar, mas mantendo a cor rosada por dentro.

Arrume as folhas da salada em uma tigela grande e adicione a manga, o coco e o abacate. Regue com o molho e misture bem. Distribua os espetinhos nos pratos, salpique com o coentro fresco e sirva com a salada.

HADOQUE DEFUMADO COM OVO POCHÉ

Esse prato rápido, rico em proteínas que reduzem a sensação de fome e contribuem para a perda de peso saudável, é ideal para ser feito em noites atarefadas.

Preparo: 10 minutos
Cozimento: cerca de 20 minutos
4 porções

750 g de **batata bolinha** com casca
4 **cebolinhas** fatiadas
2 colheres (sopa) de **coalhada desnatada**
75 g de **agrião**
4 **filés de hadoque defumado** (150 g cada)
150 ml de **leite desnatado**
1 folha de **louro**
4 **ovos**
sal e **pimenta-do-reino** moída na hora

Cozinhe a batata em água fervente ligeiramente salgada por 12-15 minutos, ou até ficar macia. Escorra, tire a casca e amasse levemente com um garfo. Acrescente a cebolinha, a coalhada e o agrião e tempere a gosto. Mantenha aquecida.

Coloque o peixe, o leite e a folha de louro em uma frigideira grande. Leve ao fogo médio e deixe levantar fervura. Tampe e cozinhe por 5-6 minutos, até o peixe ficar cozido.

Ferva água em uma panela grande. Quebre 2 ovos na água e cozinhe por 3 minutos, ou até as claras ficarem firmes. Retire com uma escumadeira e mantenha-os quentes enquanto cozinha os ovos restantes.

Distribua a batata em quatro pratos e disponha o hadoque por cima. Cubra com o ovo poché e um pouco de pimenta-do--reino. Sirva imediatamente.

PEIXE ASSADO COM CAPIM-LIMÃO E SALADA DE PAPAIA VERDE

Esse prato de inspiração tailandesa, de baixa caloria e alto poder de emagrecimento, contém ômega-3, que protege o coração.

Preparo: 25 minutos
Cozimento: 20-25 minutos
4 porções

4 **cavalinhas** inteiras, com 250 g cada, sem vísceras ou escamas
4 ramos de **capim-limão** cortados em pedaços de 2,5 cm
2 **cenouras** com casca cortadas em palito
1½ colher (sopa) de **molho de soja light**, mais um pouco para servir
2 colheres (sopa) de **suco de limão**

Para servir
um punhado de **coentro** fresco picado
1 **pimenta vermelha** sem sementes cortada em fatias
rodelas de **limão-siciliano**

Para a salada
2 **dentes de alho** descascados
100 g de **amendoim torrado**
400 g de **papaia verde** picada
100 g de **vagem** cortada em pedaços de 2,5 cm
2 colheres (chá) de **pasta de camarão**
2 **pimentas dedo-de-moça** picadas
2 colheres (sopa) de **mel**
1 colher (sopa) de **molho de peixe tailandês**
raspas e suco de 1 **limão**
8 **tomates-cereja**

Coloque o peixe em um refratário e faça três ou quatro furos de cada lado com uma faca afiada. Espalhe o capim-limão e a cenoura e regue com o molho de soja e o suco de limão. Cubra com papel-alumínio e asse em forno preaquecido a 180°C por 20-25 minutos, ou até a carne ficar macia.

Prepare a salada. Amasse o alho em um pilão grande. Acrescente o amendoim e triture bem. Junte a papaia e amasse suavemente. Use uma colher para raspar os lados do pilão e misturar bem os ingredientes.

Coloque a vagem e a pasta de camarão, socando e misturando bem. Acrescente a pimenta-dedo-de-moça, o mel, o molho de peixe, o suco e as raspas de limão. Junte os tomates e esmague-os levemente. Se necessário, acrescente mais mel, molho de peixe, suco de limão ou pimenta dedo-de-moça – a salada deve equilibrar os sabores doce, azedo, salgado e picante.

Transfira o peixe para um prato preaquecido e regue com o suco do cozimento. Espalhe o coentro e a pimenta vermelha. Sirva com a salada de papaia verde, as rodelas de limão e uma tigelinha com molho de soja.

BROCHETE DE FRANGO COM SALADA DE PEPINO E ALGA

Uma combinação deliciosa de frango grelhado com alga que favorece a tireoide e o metabolismo.

Preparo: 20 minutos, mais o tempo para marinar
Cozimento: 10 minutos
4 porções

1 colher (sopa) de **azeite**, mais um pouco para pincelar
raspas e suco de 1 **limão**
2 colheres (chá) de **orégano** seco
1 colher (chá) de **páprica**
4 **peitos de frango** sem pele e sem osso
sal e **pimenta-do-reino** moída na hora
pão sírio integral, para servir

Para a salada
50 g de **alga marinha seca** em tiras
suco de **1 limão**
1 **pepino** grande cortado em rodelas finas
1 colher (sopa) de **vinagre de arroz**
½ colher (chá) de **vinagre de maçã**
1 colher (sopa) de **óleo de gergelim**
2 colheres (chá) de **açúcar de coco**
2 colheres (sopa) de **semente de gergelim** torrada
2 **cebolinhas** fatiadas finamente

Cubra a alga com água e o suco de limão e deixe de molho durante aproximadamente 10 horas antes de servir. Se a água for absorvida, acrescente mais – a alga deve ficar sempre coberta e aumentar cerca de cinco vezes o seu tamanho original.

Misture, em outra tigela, o azeite, as raspas e o suco de limão, o orégano e a páprica. Tempere a gosto. Coloque o frango na tigela, misture, cubra e guarde na geladeira por pelo menos 2 horas, mexendo de vez em quando. Mergulhe quatro espetinhos de madeira em uma tigela com água para umedecer.

Lave e escorra a alga, colocando-a em uma tigela com o pepino, os vinagres, o óleo de gergelim e o açúcar. Misture bem e reserve.

Corte o frango em cubos e monte os espetos. Acomode-os em uma assadeira forrada com papel-alumínio e pincele com o restante da marinada. Asse no grill preaquecido, por 5 minutos de cada lado, até dourar e cozinhar. Se necessário, pincele com azeite.

Acrescente a semente de gergelim e a cebolinha à salada e sirva com as brochetes e o pão sírio integral.

SALADA DE PENNE, FRANGO E MIRTILO

Essa salada faz você se sentir saciado durante toda a noite e ainda proporciona um sono reparador.

Preparo: 10 minutos
Cozimento: 20 minutos
4 porções

4 **peitos de frango** sem osso e sem pele
raspas e suco de 2 **limões**
2 colheres (sopa) de **tomilho** picado
200 g de **penne** integral
3 colheres (sopa) de **azeite**
3 **vieiras** limpas cortadas em cubos
100 ml de **caldo de frango**
100 g de **queijo feta** picado
100 g de **mirtilo**
2 **aipos** cortados finamente
100 g de **rúcula**
sal e **pimenta-do-reino** moída na hora

Coloque os peitos de frango em uma panela grande e cubra com água. Adicione metade das raspas de limão e metade do tomilho e deixe levantar fervura em fogo médio. Abaixe o fogo e cozinhe por cerca de 10 minutos. Escorra o frango e deixe esfriar um pouco.

Cozinhe o penne em uma panela com água fervente e um pouco de sal até ficar *al dente*. Escorra e coloque em uma tigela grande.

Aqueça o azeite em fogo médio e refogue as vieiras por 2-3 minutos, ou até ficarem macias. Junte o caldo do frango, metade do queijo feta e o suco de limão. Cozinhe até o queijo derreter.

Cubra a massa com o molho. Adicione o mirtilo, o aipo, o restante das raspas de limão e do tomilho. Tempere a gosto. Amasse o restante do queijo e misture bem.

Disponha a rúcula em uma travessa grande e cubra com a massa. Sirva quente ou frio.

ENSOPADO DE FRANGO E MAÇÃ

Essa combinação perfeita de trigo-sarraceno com especiarias e maçã equilibra o açúcar no sangue e promove um sono reparador.

Preparo: 20 minutos
Cozimento: 50 minutos
4 porções

125 g de **trigo-sarraceno**
2 colheres (sopa) de **azeite**
75 g de **amêndoa** picada
1 colher (chá) de **canela**
1 colher (chá) de **pimenta-da-jamaica**
1 colher (chá) de **cominho em pó**
1 colher (chá) de **cardamomo em pó**
2 **cebolas** grandes cortadas em rodelas finas
4 **coxas de frango** grandes sem pele e sem osso
3 **maçãs** sem sementes cortadas em cubos
2 colheres (chá) de **tomilho** picado
2 colheres (sopa) de **vinagre de maçã**
3 colheres (sopa) de **suco de maçã**
300 ml de **caldo de frango**
sal e **pimenta-do-reino** moída na hora
salada verde, para servir

Cozinhe o trigo-sarraceno em água fervente com um pouco de sal até ficar macio. Escorra e reserve.

Aqueça metade do azeite em fogo médio, em uma frigideira ou wok grande. Junte a amêndoa e as especiarias, tempere a gosto e deixe ferver até começar a caramelizar. Transfira para uma tigela e reserve.

Coloque o restante do azeite na frigideira, em fogo baixo, e refogue a cebola por aproximadamente 15 minutos, até ficar macia e começar a dourar. Acrescente o frango e refogue por 5 minutos, ou até ficar corado. Adicione as maçãs, cozinhe por mais 5 minutos e junte o tomilho.

Incorpore o vinagre de maçã, o suco e o caldo de frango, aumente o fogo e deixe ferver. Reduza o fogo e cozinhe por cerca de 20 minutos, ou até o frango ficar completamente cozido e as maçãs começarem a se desmanchar.

Acrescente o trigo-sarraceno e as amêndoas, tempere a gosto e aqueça. Sirva em tigelas aquecidas com a salada verde.

FRANGO À ROMANA COM PIMENTÃO

De sabor mediterrâneo e rico em fibras e cromo, esse frango delicioso vai deixar você saciado por longo tempo.

Preparo: 15 minutos
Cozimento: 30 minutos
4 porções

3 colheres (sopa) de **azeite**
4 **peitos de frango** sem pele e sem osso
1 **cebola** cortada em rodelas
3 **dentes de alho** bem picados
2 **pimentões vermelhos** sem sementes cortados em rodelas
1 **pimentão amarelo** sem sementes cortado em rodelas
1 **pimentão verde** sem sementes cortado em rodelas
100 g de **cogumelo-de-paris**
125 g de **azeitona verde sem caroço**
400 g de **tomate pelado**
300 ml de **caldo de frango**
2 ramos de **orégano**
2 colheres (sopa) de **salsinha picada**
sal e **pimenta-do-reino** moída na hora
arroz integral, para acompanhar

Aqueça o azeite em uma panela grande com fundo grosso em fogo alto. Refogue o frango até dourar. Retire da panela e reserve.

Refogue a cebola com o alho na panela por 1-2 minutos. Adicione os pimentões e o cogumelo e cozinhe por mais 2-3 minutos. Acrescente a azeitona, o tomate, o caldo de frango e o orégano.

Leve o frango de volta à panela, tampe e deixe levantar fervura. Abaixe o fogo e cozinhe por cerca de 20 minutos, ou até o frango ficar completamente cozido. Junte a salsinha, tempere a gosto e sirva com o arroz integral.

TAGINE DE CORDEIRO E DAMASCO COM CEVADA

Aromático e gostoso, esse tagine contém nutrientes que equilibram os hormônios e estimulam o bom humor e o metabolismo.

Preparo: 15 minutos
Cozimento: 1h15
4 porções

azeite em spray
625 g de carne de **cordeiro** magra cortada em cubos
1 **cebola** picada
1 **cenoura** com casca picada
1 colher (chá) de **páprica**
1 colher (chá) de **coentro em pó**
1 colher (chá) de **semente de erva-doce**
3 cm de **canela em pau**
2 **dentes de alho** amassados
2 folhas de **louro**
3 colheres (sopa) de **suco de limão**
750 ml de **caldo de frango**
75 g de **damasco seco** macio
400 g de **tomate em conserva** picado
65 g de **cevada**
15 g de **coentro** fresco picado, mais um pouco para decorar
200 g de **cuscuz marroquino**
sal e **pimenta-do-reino** moída na hora

Aqueça uma panela grande de fundo grosso em fogo alto. Unte com o azeite em spray. Grelhe a carne até dourar - se for preciso, faça isso em etapas. Retire da panela com uma escumadeira e reserve.

Refogue a cebola com a cenoura até dourar. Coloque o cordeiro de volta na panela e acrescente as especiarias, o alho, o louro, dois terços do suco de limão, o caldo, o damasco, o tomate e a cevada.

Tempere a gosto, tampe e deixe levantar fervura. Reduza o fogo e cozinhe por 1 hora, ou até o cordeiro ficar macio. Junte o coentro e o restante do suco de limão. Misture bem.

Prepare o cuscuz. Sirva o tagine quente coberto com coentro fresco picado e acompanhado do cuscuz.

CARNE DE PORCO COM PURÊ DE MANDIOQUINHA

Capaz de satisfazer os paladares mais exigentes, esses filés suínos magros são deliciosos e irresistíveis.

Preparo: 15 minutos
Cozimento: 20 minutos
4 porções

4 **filés magros de lombo de porco** (cerca de 125 g cada)
1 colher (chá) de **azeite**
50 g de **queijo curado** ralado
½ colher (sopa) de **sálvia** picada
75 g de **farelo de pão integral**
1 **gema de ovo** batida
625 g de **mandioquinha** com casca e picada
2 **dentes de alho** descascados
3 colheres (sopa) de **coalhada desnatada**
sal e **pimenta-do-reino** moída na hora
ervilha-torta cozida no vapor, para servir

Tempere os filés de lombo com um pouco de sal e bastante pimenta. Aqueça o azeite em uma frigideira antiaderente em fogo alto. Grelhe os filés por 2 minutos de cada lado, ou até dourar. Transfira a carne para um refratário.

Misture o queijo, a sálvia, o farelo e a gema em uma tigela. Divida em quatro porções e coloque sobre os filés, pressionando delicadamente. Leve ao forno preaquecido a 200°C por 12-15 minutos, ou até a cobertura dourar e a carne ficar cozida.

Enquanto isso, cozinhe a mandioquinha e o alho em água levemente salgada por 10-12 minutos, ou até ficar macia. Escorra e amasse com a coalhada e muita pimenta-do-reino moída na hora. Sirva com a carne e a ervilha-torta cozida no vapor.

CARNE COZIDA CONDIMENTADA

Uma carne supermacia com especiarias, que melhoram a digestão e queimam gordura, é uma refeição perfeita.

Preparo: 20 minutos
Cozimento: 2h15
4-6 porções

1 colher (sopa) de **óleo de amendoim**
1 **cebola** grande picada
750 g de **patinho** cortado em cubos
2 colheres (sopa) de **purê de tomate**
3 **tomates** picados
250 ml de **água**
3 colheres (sopa) de **iogurte natural desnatado**, mais um pouco para servir
1 colher (chá) de **semente de cominho**
sal e **pimenta-do-reino** moída na hora
pão sírio integral, para servir

Para a pasta de especiarias
2 colheres (chá) de **semente de cominho**
1 colher (chá) de **semente de coentro**
½ colher (chá) de **semente de erva-doce**
1 colher (chá) de **canela em pó**
2 **dentes de alho** picados
1 colher (sopa) de **gengibre** ralado
1-2 **pimentas verdes** pequenas
1 colher (chá) de **páprica**
1 colher (chá) de **cúrcuma em pó**
2 colheres (sopa) de **purê de tomate**
2 colheres (sopa) de **óleo de amendoim**
25 g de folhas de **coentro**, mais um pouco para decorar

Faça a pasta de especiarias. Toste o cominho, o coentro e a erva-doce em uma frigideira pequena sem óleo, em fogo médio, por 2-3 minutos, ou até exalar o aroma. Transfira para um miniprocessador e triture bem. Acrescente os demais ingredientes e bata até obter uma pasta lisa.

Refogue a cebola com o óleo em uma panela grande em fogo médio, por 5-6 minutos, ou até começar a dourar, mexendo de vez em quando. Adicione 3 colheres (sopa) da pasta temperada e refogue por 1-2 minutos.

Junte a carne, misture bem e cozinhe por 4-5 minutos, ou até a carne dourar e ficar impregnada com a pasta. Incorpore o purê de tomate, o tomate picado, a água e o iogurte. Deixe levantar fervura, abaixe o fogo, tampe e cozinhe por 2 horas, ou até a carne ficar macia. Coloque mais água, se necessário.

Tempere a gosto e sirva em tigelas aquecidas. Cubra com as sementes de cominho e as folhas de coentro. Sirva quente, acompanhado de pão sírio e iogurte.

GRÃO-DE-BICO À MARROQUINA COM CENOURA E TÂMARA

Cheia de nutrientes que ajudam a perder peso, essa é uma receita deliciosa e que satisfaz.

Preparo: 10 minutos
Cozimento: 30 minutos
4 porções

1 colher (sopa) de **azeite**
2 **cebolas** grandes cortadas em rodelas
2 **dentes de alho** cortados em fatias
2 **cenouras** grandes com casca cortadas em rodelas
1 **mandioquinha** grande com casca cortada em rodelas
4 colheres (chá) de **cominho em pó**
2 colheres (chá) de **cúrcuma em pó**
1 colher (chá) de **canela em pó**, mais um pouco para servir
2,5 cm de **gengibre** descascado e ralado fino
250 ml de **caldo de legumes**
800 g de **tomate** em conserva picado
500 g de **grão-de-bico** cozido e escorrido
100 g de **tâmara seca** sem caroço picada
1 colher (sopa) de **mel**
raspas e suco de ½ **limão-siciliano**
sal e **pimenta-do-reino** moída na hora

Para servir
50 g de **amêndoa em lâminas** levemente torrada
25 g de **coentro** fresco picado

Refogue a cebola com o azeite em uma panela grande de fundo grosso, em fogo médio, por 5-10 minutos, ou até ficar macia e começar a dourar. Adicione o alho, refogue por mais 1 minuto e junte a cenoura e a mandioquinha.

Acrescente o cominho, a cúrcuma, a canela e o gengibre. Misture bem. Junte o caldo e os tomates e deixe levantar fervura.

Adicione o grão-de-bico e a tâmara. Abaixe o fogo e cozinhe, sem tampa, por aproximadamente 15 minutos, ou até os legumes ficarem macios.

Incorpore o mel, as raspas e o suco de limão e tempere a gosto. Sirva em tigelas aquecidas, espalhando por cima a amêndoa, o coentro e um pouco de canela.

SALTEADO DE TOFU E LEGUMES

O tofu desse prato fácil e rápido de fazer é rico em fitoestrógenos, que ajudam a equilibrar os hormônios.

Preparo: 15 minutos
Cozimento: 10 minutos
4 porções

3 colheres (sopa) de **óleo de girassol**
300 g de **tofu** firme em cubos
1 **cebola** cortada em rodelas
2 **cenouras** com casca cortadas em rodelas
150 g de **brócolis** cortados em pequenos buquês
1 **pimentão vermelho** sem sementes cortado em rodelas
1 **abobrinha** cortada em rodelas
150 g de **ervilha-torta**
2 colheres (sopa) de **molho de soja escuro**
2 colheres (sopa) de **molho de pimenta--doce**
125 ml de **água**

Para decorar
pimenta vermelha picada
folhas de **manjericão**

Aqueça 1 colher (sopa) do óleo em um wok ou frigideira grande até começar a fumegar. Coloque o tofu e salteie em fogo alto por 2 minutos, ou até dourar. Retire com uma escumadeira e mantenha quente.

Despeje o restante do óleo no wok, deixe aquecer bem e junte a cebola e a cenoura. Salteie por pouco mais de 1 minuto. Acrescente os brócolis e o pimentão vermelho e salteie por mais 1 minuto. Junte a abobrinha e a ervilha-torta e continue salteando por mais 1 minuto.

Misture a água e os molhos de soja e de pimenta, despeje na panela com o tofu e cozinhe por 1 minuto. Sirva em tigelas aquecidas com a pimenta vermelha e o manjericão.

CURRY DE ABÓBORA COM SALADA DE GRAPEFRUIT

Esse curry contém antioxidantes, que melhoram a saúde em geral e combatem os sintomas do estresse, incluindo a falta de energia.

Preparo: 20 minutos
Cozimento: 25 minutos
4 porções

1 colher (sopa) de **azeite**
1 **cebola** grande cortada em rodelas finas
2 **dentes de alho** cortados em fatias finas
1 colher (chá) de **coentro em pó**
1 colher (chá) de **cominho em pó**
2 colheres (chá) de **cúrcuma em pó**
1 colher (chá) de **curry em pó**
1 cm de **gengibre** descascado e ralado
1 colher (chá) de **semente de mostarda-preta**
750 ml de **caldo de legumes**
200 ml de **leite de coco light**
750 g de **abóbora** sem sementes cortada em cubos
sal e **pimenta-do-reino** moída na hora
25 g de **coentro** fresco picado, para servir

Para a salada
4 **grapefruits**
1 colher (sopa) de **azeite**
2 **cebolinhas** picadas finamente
1 colher (sopa) de **mel**
raspas e suco de ½ **limão**
50 g de folhas de **hortelã**
50 g de **amêndoa** levemente torrada e picada
50 g de **coentro** fresco picado

Aqueça o azeite em uma panela grande em fogo médio e refogue a cebola por cerca de 5 minutos, até ficar macia. Acrescente o alho e refogue por mais 2 minutos.

Adicione o coentro, o cominho, a cúrcuma, o curry, o gengibre e a semente de mostarda. Misture bem. Incorpore o caldo e o leite de coco. Deixe levantar fervura e junte a abóbora. Abaixe o fogo, tampe e cozinhe por 10 minutos, ou até a abóbora ficar macia.

Prepare a salada: descasque o grapefruit com uma faca afiada, mantendo uma tigela embaixo das mãos para recolher o suco da fruta. Remova os gomos e retire as membranas. Coloque em um prato e reserve.

Junte o azeite, a cebolinha, o mel, as raspas e o suco de limão ao suco do grapefruit reservado. Tempere a gosto e misture. Regue os gomos com esse molho e espalhe a hortelã, a amêndoa e o coentro por cima.

Destampe a panela do curry e cozinhe por mais 4-5 minutos, para apurar. Salpique com o coentro e sirva com a salada de grapefruit.

CURRY TAILANDÊS DE VEGETAIS

Cremoso, picante e energético, esse prato estimula o bom humor, equilibra o açúcar no sangue, ajuda a digestão e o metabolismo. Para ter energia extra, sirva com arroz de coco.

Preparo: 20 minutos
Cozimento: 1 hora
4 porções

1 colher (sopa) de **óleo de amendoim**, mais um pouco para untar
1 **cebola** grande picada
100 g de **batata-doce** descascada e picada
100 g de **abóbora-cheirosa** sem sementes cortada em pedaços
400 ml de **leite de coco light**
200 ml de **caldo de legumes**
2 **abobrinhas** grandes cortadas em pedaços
100 g de **vagem** aparada
250 g de **grão-de-bico** cozido e escorrido
100 g de **lentilha verde** cozida e escorrida
um punhado de **coentro** fresco, para enfeitar
arroz de coco, para acompanhar

Para a pasta de curry
2 colheres (chá) de **semente de cominho**
2 colheres (chá) de **semente de coentro**
1 colher (chá) de **cúrcuma em pó**
3 **pimentas vermelhas** sem sementes
5 **cebolinhas** picadas
2 **dentes de alho** picados
2,5 cm de **gengibre** descascado e picado
4 talos de **capim-limão**, sem as folhas externas e com as do miolo picadas
raspas e suco de 1 **limão**
1 colher (sopa) de **mel**

Faça a pasta de curry. Toste as sementes de cominho e de coentro em uma frigideira sem óleo, em fogo médio, por 2-3 minutos, ou até exalar o aroma. Triture as sementes em um miniprocessador. Acrescente os ingredientes restantes e bata para obter uma pasta lisa. Adicione um pouco de água, se necessário. Tempere com sal e pimenta-do-reino.

Aqueça o óleo de amendoim em uma panela grande em fogo médio e refogue a cebola por 5 minutos, até ficar macia. Adicione 3-4 colheres (sopa) cheias da pasta de curry e refogue por mais 5 minutos, até sentir o aroma do curry.

Acrescente a batata-doce e a abóbora. Mexa bem e incorpore o leite de coco e o caldo. Ao levantar fervura, abaixe o fogo e cozinhe por cerca de 10 minutos, até os legumes ficarem quase macios.

Junte a abobrinha, a vagem, o grão-de-bico e a lentilha e cozinhe por mais 10 minutos, ou até a abobrinha ficar cozida.

Salpique com o coentro fresco picado e sirva com arroz. Para fazer o arroz de coco, substitua a água do cozimento por leite de coco.

CHOCOLATE ESPRESSO

Energético, o chocolate amargo estimula o bom humor e inibe a fome. Mas como essa receita contém gordura saturada, guarde-a para um dia especial.

Preparo: 5 minutos, mais o tempo para gelar
Cozimento: 5 minutos
4 porções

125 g de **chocolate amargo** partido em pedaços pequenos
2 colheres (chá) de **pó de café espresso instantâneo**
150 ml de **creme de leite fresco**
175 ml de **iogurte grego desnatado**
4 **grãos de café cobertos com chocolate amargo**, para decorar

Coloque quatro xícaras ou ramequins na geladeira. Derreta o chocolate com o pó de café espresso e 3 colheres (sopa) do creme de leite em banho-maria em fogo baixo.

Aqueça, mexendo de vez em quando, até o chocolate derreter. Retire do fogo, junte o creme de leite restante e metade do iogurte. Transfira para as xícaras ou ramequins gelados.

Cubra com o restante do iogurte e decore cada porção com um grão de café. Refrigere por pelo menos 10 minutos antes de servir.

CEREJA AO CHOCOLATE

Ótima para estimular o metabolismo e o humor, a cereja fica deliciosa com chocolate amargo.

Preparo: 10 minutos, mais o tempo para firmar
Cozimento: 5 minutos
4-6 porções

100 g de **chocolate amargo** picado
200 g de **cereja** com cabinhos lavadas e secas

Derreta o chocolate em banho-maria, em fogo baixo, mexendo de vez em quando. Retire do fogo e deixe esfriar um pouco.

Pegue a cereja pelo cabinho, uma de cada vez, e mergulhe no chocolate. Gire a fruta para obter uma cobertura uniforme. Coloque em uma bandeja forrada com papel-manteiga e deixe por 10-20 minutos, ou até o chocolate firmar.

BOLO DE MAÇÃ E AMÊNDOA COM IOGURTE DE BAUNILHA

Esse bolo contém nutrientes que auxiliam a perda de peso. Uma fatia pequena pode ser suficiente para saciar.

Preparo: 20 minutos, mais o tempo para esfriar
Cozimento: cerca de 1 hora
16 fatias

200 g de **manteiga** em temperatura ambiente, mais um pouco para untar
4 **maçãs verdes** descascadas, sem sementes e cortadas em pedaços
200 g de **açúcar**
3 **ovos** grandes batidos
3-4 colheres (sopa) de **suco de maçã**
150 g de **farinha de trigo integral fina**
75 g de **amêndoa** moída
1 colher (sopa) de **fermento em pó**

Para servir
500 g de **iogurte grego desnatado**
algumas gotas de **extrato de baunilha**

Unte uma assadeira redonda de 20 cm e forre-a com papel-manteiga.

Derreta 1 colher (sopa) da manteiga em uma panela grande em fogo médio, coloque a maçã e cozinhe por cerca de 5 minutos, até ficar macia, mas sem desmanchar. Retire e deixe esfriar.

Bata o restante da manteiga com o açúcar até obter uma pasta leve e fofa. Acrescente os ovos, um por vez, batendo sem parar. Adicione o suco de maçã.

Peneire a farinha na tigela. Misture os farelos que ficaram na peneira com a amêndoa e metade da maçã. Junte à massa, misture bem e incorpore o fermento.

Coloque a massa na assadeira e cubra com o restante da maçã. Pressione um pouco, deixando apenas parte da fruta aparente.

Asse em forno preaquecido a 180°C por 55-60 minutos. Verifique o cozimento inserindo um palito no centro do bolo: se sair limpo, está pronto. Deixe esfriar na assadeira.

Misture o iogurte com a baunilha. Sirva como acompanhamento do bolo.

CHEESECAKE COM MIRTILO

Com mirtilo, eficaz na queima de gordura, essa versão cremosa de cheesecake é fácil e rápida de fazer.

Preparo: 20 minutos, mais o tempo para esfriar e gelar
Cozimento: 5 minutos
4 porções

200 g de **mirtilo**
1 colher (chá) de **mel**
8 **biscoitos amaretti**
25 g de **manteiga sem sal** derretida
150 g de **cream cheese light**
150 g de **iogurte grego desnatado**
4 colheres (sopa) de **açúcar de confeiteiro**
raspas e suco de 1 **limão-siciliano**

Cozinhe o mirtilo com o mel em uma panela pequena em fogo baixo por aproximadamente 5 minutos, ou até o mirtilo começar a se desmanchar e soltar o suco. Retire do fogo e deixe esfriar.

Triture os biscoitos em um processador. Adicione a manteiga derretida e bata até obter uma massa úmida e homogênea. Pressione a massa no fundo de quatro taças.

Bata juntos o cream cheese, o iogurte, o açúcar de confeiteiro, as raspas e o suco de limão, até obter um creme fofo e homogêneo.

Distribua o creme nas quatro taças e cubra com a mistura de mirtilo e mel. Refrigere por 20-30 minutos antes de servir.

PUDIM DE MANGA E LEITE DE COCO

Com nutrientes saudáveis, esse pudim de manga é uma delícia fácil de fazer e surpreendentemente leve.

Preparo: 15 minutos, mais o tempo para gelar
Cozimento: 2 minutos
4 porções

2 **mangas** grandes maduras cortadas em pedaços
4 **folhas de gelatina**
125 ml de **água** quente
6 colheres (sopa) de **mel**
400 ml de **leite de coco light**
ramos de hortelã, para decorar

Coloque os pedaços de manga no liquidificador ou processador e bata até obter um creme homogêneo. Cubra as folhas de gelatina com água fria e deixe amolecer.

Ferva a água quente com o mel em fogo médio. Retire do fogo. Esprema as folhas de gelatina, uma de cada vez, e coloque-as, uma a uma, na água quente com o mel, mexendo bem para dissolver.

Adicione a gelatina dissolvida à manga batida, acrescente o leite de coco e bata no liquidificador ou processador até obter um creme homogêneo. Coloque em taças e refrigere por cerca de 2 horas, ou até firmar. Para servir, decore com ramos de hortelã.

MAÇÃ ASSADA

Essa sobremesa enriquecida com aveia e nozes crocantes contém fibras e é fácil de ser preparada.

Preparo: 10 minutos
Cozimento: 25 minutos
4 porções

4 **maçãs**
5 colheres (sopa) de **maple syrup**, mais um pouco para regar
75 g de **flocos de aveia**
50 g de **nozes** picadas
3 colheres (chá) de **canela em pó**
iogurte grego desnatado, para servir

Corte as maçãs ao meio no sentido longitudinal, tire as sementes e faça uma cavidade no centro. Coloque as metades em uma assadeira forrada com papel-manteiga, com a parte interna voltada para cima.

Misture o maple syrup com a aveia e as nozes e recheie as metades de maçã. Polvilhe com bastante canela.

Regue com um pouco mais de maple syrup e leve ao forno preaquecido a 180°C por 25 minutos, ou até as maçãs ficarem macias, mas ainda firmes. Sirva quente com iogurte grego.

GRANITA DE CHÁ-VERDE E GENGIBRE

Essa sobremesa refrescante, oriunda da Sicília e semelhante à nossa raspadinha, soma o calor do gengibre aos antioxidantes do chá-verde.

Preparo: 15 minutos, mais o tempo para esfriar e congelar
Cozimento: 5 minutos
4 porções

750 ml de **água**
25 g de **açúcar**
2 colheres (sopa) de **mel**
2,5 cm de **gengibre** descascado e bem picado
5 saquinhos de **chá-verde**
raspas e suco de ½ **laranja**

Coloque a água em uma panela grande em fogo médio, adicione o açúcar, o mel, o gengibre, os saquinhos de chá e as raspas de laranja. Mexa até o açúcar dissolver. Retire do fogo e deixe esfriar.

Acrescente o suco de laranja e coe o líquido em um recipiente de metal raso. Leve ao freezer por 30 minutos. Retire e raspe com um garfo, quebrando os cristais de gelo.

Leve novamente ao freezer por mais 45 minutos e repita o procedimento anterior. A granita deve ser servida completamente congelada, em forma de flocos de gelo.

LARANJA AÇUCARADA COM AMÊNDOA

A laranja é rica em fibras, que equilibram o açúcar no sangue e facilitam a digestão. É um prato perfeito como sobremesa ou café da manhã.

Preparo: 10 minutos
4 porções

8 **laranjas**
1 colher (sopa) de **açúcar de confeiteiro**
1 colher (chá) de **canela em pó**
75 g de **amêndoa** picada

Descasque 7 laranjas com uma faca afiada e remova a maior parte das fibras brancas junto com a casca. Corte em rodelas de 1 cm de espessura e disponha em um prato.

Polvilhe as rodelas com o açúcar, as raspas e o suco da laranja restante, a canela e a amêndoa. Sirva imediatamente.

PÊSSEGO E DAMASCO GRELHADOS COM IOGURTE E MEL

Ricas em antioxidantes e fibras, as frutas dessa sobremesa devem ser ligeiramente caramelizadas em uma grelha.

Preparo: 10 minutos
Cozimento: 5 minutos
4 porções

2 colheres (sopa) de **açúcar de baunilha**
3 **pêssegos** sem caroço cortados em quatro
4 **damascos** sem caroço cortados ao meio
200 g de **iogurte grego** desnatado
2 colheres (sopa) de **mel**

Misture delicadamente as frutas com o açúcar em uma tigela.

Preaqueça uma grelha e coloque os pêssegos com a parte cortada para baixo. Grelhe em fogo médio por 2-3 minutos, até caramelizar. Grelhe o damasco. Vire os pêssegos e grelhe por mais 2-3 minutos, até todas as frutas ficarem macias.

Despeje o iogurte em uma tigela e adicione o mel. Mexa rapidamente para obter um efeito ondulado. Sirva as frutas grelhadas ainda quentes com o iogurte e mel.

RABANADA COM FRUTAS VERMELHAS

Essas rabanadas, feitas com brioche, são quase um pecado, mas têm nutrientes equilibrados graças às frutas, ricas em fibras e antioxidantes.

Preparo: 10 minutos
Cozimento: 10 minutos
4 porções

1 **ovo** grande
2 colheres (chá) de **canela em pó**
2 colheres (sopa) de **açúcar**
125 ml de **leite desnatado**
1 colher (sopa) de **azeite**
4 **fatias de brioche**
400 g de **frutas vermelhas mistas**, como morango, framboesa, mirtilo, groselha e groselha-preta
frozen iogurte desnatado*, para servir

* Frozen iogurte desnatado: bata 300 ml de iogurte desnatado com 1 xícara (chá) de açúcar e 200 g de creme de leite light. Leve ao freezer por 6 horas. Bata novamente e leve ao freezer.

Bata o ovo com a canela e o açúcar em um prato raso. Acrescente o leite, sem parar de bater.

Aqueça uma frigideira grande em fogo médio com a metade do azeite. Mergulhe duas fatias de brioche no ovo batido, virando para que absorvam o líquido por igual. Frite por 2-3 minutos de cada lado, até dourar.

Retire da frigideira e mantenha as fatias aquecidas enquanto frita as restantes, adicionando um pouco mais de azeite, se necessário.

Cubra as rabanadas com as frutas vermelhas e sirva com uma bola de frozen iogurte.

ENDEREÇOS ÚTEIS

ADJ Diabetes Brasil
http://www.adj.org.br/

Alcoólicos Anônimos
http://www.alcoolicosanonimos.org.br/

Associação Brasileira de Climatério
http://www.menopausa.org.br

Associação Brasileira de Familiares, Amigos e Portadores de Transtornos Afetivos
Tel.: (11) 3256-4831
http://www.abrata.org.br/new

Associação Brasileira para o Estudo da Obesidade e da Síndrome Metabólica
http://www.abeso.org.br

Associação Médica Brasileira
Comissão de Obesidade - Prevenção e combate Brasil
http://www.obesidadenobrasil.com.br/

Centro de Referência de Álcool, Tábaco e Outras Drogas (Cratod)
http://www.saude.sp.gov.br/cratod-centro-de-referencia-de-alcool-tabaco-e-outras-drogas

Centro de Valorização da Vida - CVV
Disque 141
http://www.cvv.org.br

Coordenação Geral de Alimentação e Nutrição - Ministério da Saúde
E-mail: cgan@saude.gov.br
http://nutricao.saude.gov.br
Disque Saúde 136
http://portalsaude.saude.gov.br

Grupo Interdisciplinar de Estudos de Álcool e Drogas/Instituto de Psiquiatria/Hospital das Clínicas/Faculdade de Medicina da USP
http://www.grea.org.br

Instituto do Sono - Universidade Federal de São Paulo (Unifesp)
http://www.sono.org.br

Instituto Nacional de Cardiologia
http://www.incl.rj.saude.gov.br

Ipercol Brasil - Instituto do Coração (InCor)
http://hipercolesterolemia.com.br

Meditação Brasil
http://www.meditacaobrasil.com

PRO-AMITI - Ambulatório Integrado dos Transtornos do Impulso (HC/USP)
Tel.: (11) 2661-7805
http://amiti.com.br

Programa de Orientação e Atendimento a Dependentes (PROAD)/Departamento de Psiquiatria da Universidade Federal de São Paulo (Unifesp).
http://www.psiquiatria.unifesp.br/d/proad/atendimento

Serviço Social da Indústria (Sesi)
http://www.portaldaindustria.com.br
http://www.sesisp.org.br

Serviço Social do Comércio (Sesc)
http://www.sesc.com.br

Sociedade Brasileira de Cardiologia
http://www.cardiol.br

Sociedade Brasileira de Diabetes
http://www.diabetes.org.br

Sociedade Brasileira de Endocrinologia e Metabologia
http://www.endocrino.org.br

Sociedade Brasileira de Hepatologia
http://www.sbhepatologia.org.br

Sociedade Brasileira de Hipertensão
http://www.sbh.org.br

Sociedade Budista do Brasil
http://www.sociedadebudistadobrasil.org

Sociedade de Gastroenterologia de São Paulo
http://www.sgsp.org.br

Vigilantes do peso
http://www.vigilantesdopeso.com.br

Yoga.pro.br
http://www.yoga.pro.br

ÍNDICE

Agradecimentos
Gill Paul agradece à talentosa equipe da Octopus: Denise Bates, que veio com a ideia para a coleção; Katy Denny, Alex Stetter e Jo Wilson, que editaram os livros com muita eficiência e fizeram tudo funcionar; à equipe de design de Jonathan Christie e Isabel de Cordova, por tornar os livros tão lindos. Agradeço também a Karel Bata por todo o apoio e por provar minhas receitas. Karen Sullivan agradece a Cole, Luke e Marcus.

Créditos das fotos
Fotografias encomendadas © Octopus Publishing Group/Will Heap, com exceção das seguintes:

Getty Image
Glow Images 21; Sally Williams Photography 9.

Octopus Publishing Group
Stephen Conroy 69, 79; Will Heap 11, 123, 125; Lis Parsons 81, 87, 99, 101; William Shaw 49, 83, 89; Craig Robertson 75; Ian Wallace 39, 63.

Thinkstock
iStockphoto 10, 12, 14, 19, 24, 27, 28, 34; Wavebreak Media 5.